知的生きかた文庫

# 化粧いらずの美肌になれる3つのビューティケア

菅原由香子



三笠書房

# はじめに――素肌美人が大事にしている3つのこと

私は美容皮膚科医としてこれまで10万人以上のお肌のトラブルを治療、また自分自身のひどい肌荒れを解消するために長らく研究をしてきました。

私自身、肌荒れになる高校生まではニキビひとつない肌でした。しかし、大学生になってから化粧をするようになると、テレビや雑誌で話題になった化粧品に飛びつき、その数はどんどん増えていきました。するといつの間にか、顔じゅうにニキビが出るようになっていたのです。そしてニキビだけに終わらず、あるときは目のまわりが赤くなり、顔じゅうが腫れ上がりました。いつも顔がかゆく、かきむしっている日々が続きました。

頬はボコボコ、こめかみや額は傷だらけ、顔のあちこちがめくれている私の唯一の願いは「普通の肌になりたい」それだけでした。

この肌をなんとかしたいと思い、皮膚科医になりましたが、肌荒れは治りません。「こんなひどい肌で、患者さんにお肌の話をしたって説得力ないなぁ」と泣きたくなりながらも、毎日どうしたら肌荒れが改善するのかを考えてきました。

そして自分の肌を使い、いろいろな化粧品を使ってみては腫れる、荒れるを繰り返し、数年に及ぶさまざまな実験をして、どうするとお肌が荒れるのか、重大な事実に気づいたのです。ついに20年以上の肌荒れを克服した瞬間でした。

肌荒れから抜け出したら、肌荒れだけではなく、もっと上の「美しい肌」になるためにはどうしたらよいのかを、寝ても覚めても考える生活を送るようになりました。

その中でこれまで診てきた患者さんからもたくさんのことを教えていただきました。「肌荒れにならない。美肌になる」、その答えは「素肌力を活かす」ことだったのです。

素肌力を活かした美肌を手に入れるためにやるべきこと――それは次の3つに集約されます。

## ①肌に負担をかけないクレンジングと洗顔

② 美肌を生み出す腸内環境
③ 食品および化粧品、シャンプーの添加物を避ける

どれも当たり前のことのように思うかも知れませんが、現代はさまざまな情報が流れており、間違ったケアをしている方が少なくありません。

きれいになるためにお手入れをしているのに、きれいになるどころか肌荒れを起こしてしまう……そんな悲しいことはありません。

もともと人の肌には「美しくなる力」が備わっています。しかし多くの人が、間違ったお手入れの方法であったり、合わない化粧品を使っていたりすることで、知らないうちにその力を弱めてしまっているのです。

高価なクリームを使わなくても、エステに通わなくても、肌本来の持つ力を引き出せばいつまでも若々しく、透明感のある肌でいることは可能なのです。

本書は、肌荒れに悩んでいる方は何が原因なのか、化粧いらずの美肌を目指す人はどうしたらそうなれるのかを、具体的にわかりやすく、医学用語はなるべく使わずに

書き上げました。
みなさんがご自分のお肌について考え、また美しいお肌を保ち続けるお役に立てればと思っています。

菅原由香子

✦目次



Chapter 1

# 肌のきれいな人がやっているスキンケア

Chapter 2

# キラキラ輝く美肌は食べ物でつくられる

Chapter 3

# 美肌のためにいいこと、悪いこと

# Chapter 4 〈ケーススタディ〉肌荒れ克服への道

本文図版作成　株式会社ユーホーワークス
本文イラスト　nori

Chapter

1

# 肌のきれいな人が
# やっているスキンケア

Lesson

# 美肌はクレンジングから始まる

あなたは普段どのようにクレンジングをしていますか？ クレンジング剤を手に取って、ぐ〜るぐる目のまわりをこすり、お顔全体をゴシゴシ洗っていませんか？

ついでにたるみ予防にと、マッサージをしていませんか？ 汚れはしっかり落とさなきゃ！ と思う気持ちはわかりますが、そうやってゴシゴシこすると皮膚の構造は壊れます。

また、頬骨が出っ張っている部分に力を加えると色素細胞が活性化します。つまりゴシゴシこするそのクレンジングが頬骨の部分のシミをつくっているのです。それが肝斑《かんぱん》というシミの正体です。

私は治療という場以外でもセミナーなどで全国各地にお邪魔し、多くの方とお話しする機会も多いのですが、ほとんどの方が、美肌にはクレンジングが大事なこと、またご自分のクレンジングに力が入りすぎていることによって美肌から遠ざかっているということに気づいていません。

クレンジングに力はまったくいりません。皮膚が動かないくらいのやさしいタッチで、お肌の表面を指がすべる感覚でクレンジングを行いましょう。

Lesson

# クレンジング剤は食器用洗剤と同じ!?

「化粧落としに食器用洗剤を使ってみてください」

突然ですが、こう言われたらどうでしょうか?

お肌に悪そうだからイヤ! ほとんどの方がそう答えるでしょう。でも実はやっているのです。というのもクレンジング剤の主な成分は食器用洗剤と同じ合成界面活性剤だからです。

合成界面活性剤とは、一言でいうと、「水と油を混ぜ合わせるためにつくられた物質」です。

食器についた油汚れは水だけでは落ちませんが、洗剤の合成界面活性剤の働きできれいに落とすことができます。お顔につけた油性の化粧品をクレンジング剤で浮き上がらせたあとに水で洗い流せるのは、合成界面活性剤が配合されている証拠です。

「化粧品に入っているのは、食器用洗剤とは違う、お肌にやさしい合成界面活性剤だろうから大丈夫では?」と思う方もいるかもしれませんが、それは間違いです。

確かに合成界面活性剤には、石油からつくられた洗浄力の強いものと、化学的に合成された洗浄力が比較的弱いものがあります。

企業は机上の実験だけで、弱めの合成界面活性剤である非イオン性界面活性剤や両性界面活性剤は無害であると主張しますが、実際の臨床の場では、この弱めの合成界面活性剤でも肌トラブルを生じている患者さんが多数いることを知りません。

国内外で化粧品に含まれる合成界面活性剤による肌トラブルについての論文もどんどん出ています。

たとえ弱めであろうと、合成界面活性剤は皮膚が持っているバリア機能を破り、皮膚の構造を壊してお肌の深いところまで浸透します。皮膚の構造が壊されると、皮膚内の水分が蒸発してお肌が乾燥します。

合成界面活性剤は、一度皮膚につくと取れにくい性質を持っているため、洗い流しても残ってしまいます。合成界面活性剤の入った化粧品を使い続けることで、お肌の乾燥はどんどん進み、外界からの刺激を受けやすくなり、その結果、さまざまな物質に反応する、いわゆる敏感肌になってしまいます。

多くのクレンジング剤は「保湿成分配合♪」などとコマーシャルされていますが、合成界面活性剤でお肌がボロボロになってしまうのをカバーするために、保湿成分を入れているのです。

余計なものを入れた結果失われた成分を、人工的に足しているだけなのです。

また合成界面活性剤は皮膚を通して体内に吸収されると、肝障害、腎障害、がん、血液成分の減少、胎児の奇形を引き起こす原因にもなります。

排水後も分解されにくいので河川、海、湖が汚染され、魚や微生物など生態系への影響が問題になっています。

なぜ、こんなに恐ろしい合成界面活性剤がクレンジング剤に配合されているのでしょう？

「メイクがさっと落ちるクレンジング」

「簡単に洗い流せるのがいい」

「お風呂場で手が濡れていても使えるものがほしい」

これは私たち消費者がクレンジング剤に便利さを求めた結果でもあります。

Lesson

# クレンジングにおすすめの5つのオイル

では、クレンジングには何を使えばいいのでしょうか?

クレンジングには、薬局やスーパーマーケットで売っているオイル、またお料理に使っているオイルをそのまま使うことができます。

クレンジングの目的は、油性の化粧をオイルで浮き上がらせることです。お肌の構造を壊さないために、余計なものが何も配合されていないオイルを使うことが大切です。

オイルは基本的に脂肪酸とグリセリンからできています。どの脂肪酸がどれくらいの割合で含まれているかでオイルの性質が決まります。美肌を生み出すためには、自分のお肌の状態に合ったよい作用をもたらすオイルを使いましょう。

クレンジングとして私がおすすめするオイルは以下のものです。

①オリーブオイル
②椿オイル
③セサミオイル（ごま油）
④ホホバオイル
⑤スクワランオイル

ひとつずつ詳しく見ていきましょう。

## ①オリーブオイル

洗い上がりがしっとりするので、乾燥肌の方におすすめです。ただしべとつきが気になるかもしれません。また構成する脂肪酸は「オレイン酸」が主成分なので、ニキビが出る方はこれを使うと悪化します。酸化しにくいオイルですが、酸化すると独特のにおいがします。

オリーブオイルをクレンジングに使うのであれば、オリーブの果実を絞ってろ過しただけの、一切化学的処理を行っていないエキストラバージンオイルがおすすめです。いろいろな産地のエキストラバージンオイルがありますが、ご自分で試してみてお好みのものを探すのも楽しいですね。

## ②椿オイル

オリーブオイルよりオレイン酸が多く、べとつきを強く感じます。オリーブオイルと同じくニキビが悪化しますが、超乾燥肌の方には潤いを与えるのでおすすめです。

## ③セサミオイル（ごま油）

ごまを炒ってから絞った琥珀《こはく》色のものと、炒らずに生のまま絞った透明の「太白《たいはく》ごま油」の2種類があります。クレンジングに使うのは、あまりにおいがしない太白ごま油がおすすめです。インドのアーユルヴェーダではマッサージオイルとして使われています。オリーブオイルよりさっぱりとしていますので、肌がオイリーな方、ニキビが出やすい方によいでしょう。

## ④ホホバオイル

オイルと名前がついていますが、脂肪酸とアルコールが結合して生成した液体ろうです。ろうは皮脂の成分にも含まれるもので、皮脂の過度の分泌を抑えます。あまりべとつかず、さらっとしています。酸化しにくく扱いやすいのが特徴です。品質がよいものは高価でクレンジングにたっぷり使うとお金がかかることが難点です。

## ⑤スクワランオイル

オリーブオイルからとれるオリーブスクワランと、深海ザメの肝油からとれるサメスクワランの2種類があります。伸びがよく、さらっとしているのに保湿力もあります。酸化しにくく、人間の皮脂に似ていて刺激が少なく、アレルギーを起こしにくいのが特徴です。乾燥肌の方もニキビ肌の方も使える万能のオイルといえます。オリーブスクワランがしっとり、サメスクワランはさっぱりしていますので、お好みで使い分けるのがよいでしょう。

クレンジング方法については127ページで詳しくご紹介します。

Lesson

# 洗顔の仕方ひとつでお肌はきれいになる

朝起きてすぐに行う洗顔、帰宅後メイクを落とす洗顔……洗顔はどのようにしていますか？

洗顔石けんを泡立てネットで、モコモコに泡立てて洗顔する方が最近増えてきたのは、喜ばしいことです。しかし、せっかく泡立てたのに、それでゴシゴシこすって洗っていませんか？

クレンジング同様しっかりこすると汚れが落ちるような気がしますが、実は泡立てた石けんをお肌につけるだけで、泡の吸着成分が汚れを落としてくれます。モコモコにした石けんの泡だけがお肌につくようにし、フワフワの泡で洗うとお肌にダメージが加わりません。

そして洗顔後、お顔はどのようにすすいでいますか？

強いシャワーを直接お顔にかけて流している方、いませんか？　それは絶対にいけません。シャワーの水圧による刺激はシミをつくります。


洗い流す際はシャワーの温度にも注意が必要です。お皿についた油汚れは40℃くらいのぬるま湯でジャーッと強く流すと落ちますよね。それと同じことがお肌の表面でも起こります。

高い温度のお湯で流すと、皮膚の大事な保湿成分、脂分も全部流されて乾燥肌になってしまうのです。

お顔をすすぐときには、シャワーであれば弱い水圧で、少し冷たく感じるくらいの温度（20～25℃）で行うようにしましょう。

Lesson

# 「植物性由来」の洗顔フォームは危険!?

　薬局や化粧品店などで市販されている洗顔フォーム、これらの製品の主成分も、合成界面活性剤です。これらはお肌のバリア機能を破り、皮膚の構造を破壊します。美肌になるための洗顔料でお肌にやさしいのは天然の石けんです。

　次項で詳しく書きますが、石けんはアルカリ度の低い無添加石けんをお使いくださいさい。天然の石けんであれば、お風呂場で使用しても下水や川を流れ、分解されて自然に還ります。

　皮膚が健康な状態は「弱酸性」です。天然の成分でつくられた石けんはその組成上、アルカリ性です。石けん洗顔で一時的にお肌がアルカリ性に傾いても、健康な皮膚はすぐに弱酸性に戻りますので、問題はありません。お肌にダメージがある方も洗顔後に使う化粧水が弱酸性であればすぐに適正な状態に戻ります。

ところが、「洗顔料はお肌と同じ弱酸性がよい♪」というコマーシャルにおどらされて、弱酸性に調整された合成界面活性剤配合の洗顔フォームが飛ぶように売れているのが現実なのです。

「アミノ酸系、植物由来だからお肌にやさしい♪」という文言にも気をつけなければなりません。

言葉だけを聞くと、なんだかとってもお肌にやさしそうですが、「アミノ酸系」や「植物由来」でも使われているのは立派な合成界面活性剤です。他の合成界面活性剤と同じように有害で、皮膚の構造を壊すのです。

Lesson

# ツヤツヤ美肌をつくる石けんの選び方

美肌をつくるためにおすすめの洗顔料は、前項でもお話ししたように天然の油脂からつくられた石けんです。お肌に負担をかけることなくやさしく汚れを取ってくれます。

石けんもさまざまな種類がありますが、どのような石けんを選べばよいのでしょう？　石けんなのだから添加物なんて入っていないのでは？　と思われるかもしれませんが、石けんと名前がついていても合成洗剤の場合もあります。裏の成分表示を見て、最初のほうによくわからないカタカナやアルファベットが並んでいるものは除外しましょう。

天然の石けんでも、着色料、香料、防腐剤、品質安定剤などが配合されているものもあります。それらがお肌の刺激になる方もいらっしゃいますので、成分表示はしっかり確認するようにしましょう。

もちろん無添加石けんでも、すべてがお肌にやさしいわけではありません。

無添加石けんのつくり方には、「中和法」「釜炊き法」「冷製法」などがあります。

その中でも、油脂に苛性《かせい》ソーダを加えてかくはんし、加熱せずに反応させてつくる「冷製法」（コールドプロセス）のものがとてもお肌にやさしい石けんです。加熱しないので油脂が酸化しにくいこと、また生成過程で保湿成分であるグリセリンが生じ、未反応の油脂が残り、程よい洗浄力が保たれるためです。

冷製法の石けんは、どの油脂でつくるのか、どれくらいのけん化率（未反応の油脂をどれくらい残すか）にするのか、自分で決めて手づくりすることができます。

石けんを極めたい方は、「石けんのつくり方」の本を購入してご自分でつくってみてください。ご自身の好みに合うとってもお肌にやさしい石けんができます。

もちろんご自分でつくらなくても、お肌にやさしい石けんは購入できます。

まずは無添加と書かれている石けんが基本です。さらに、お肌にやさしい冷製法でつくられた石けんは、成分表示に油脂の名前（オリーブオイル、パーム油など）と、水酸化ナトリウム（Na）が表示されています。ただ、全成分に「石けん素地100

％」と書かれている石けんは、純石けんで無添加であってもお肌にやさしいとは言えません。

たとえどの製法でつくられたかわからなくても、お肌にやさしい石けんかどうかを簡単に調べられる方法があります。それは、使ってみたい石けんを泡立てて、泡のpH（ペーハー）を調べるのです。学校の理科の実験でやった、酸性かアルカリ性かを調べるあの実験です。「pH試験紙」というものがホームセンターやインターネットで売られていますので購入してください。

お肌にやさしい石けんのpHは8～9くらいです。pHが10以下であれば合格です。それ以上pHの数字が大きい（アルカリ度が高い）と、洗浄力が高すぎてお肌の保湿成分も流され乾燥が生じます。

前述した冷製法でつくられた石けんであっても未反応の油脂が少ないと、pHが高く、お肌の刺激になります。

私もたくさんの石けんを購入してpHを調べました。肌によいと話題の石けんでもpHが高すぎるものがたくさんありました。

何に関しても、情報を鵜呑みにせず、自分の目で確かめる必要があります。

Lesson

# オールインワンゲルはお肌にビニール!?

「これひとつでお肌プルプル♪」

忙しい女性のために開発された大人気のオールインワンゲル。手軽さが受け、今やその種類はどんどん増えています。

洗顔したあと、ゲルを取ってお顔に塗り込むワンステップでお肌が潤う気がするので、忙しい朝も、疲れた夜もとってもラクです。オールインワンゲルは、「化粧を簡単にすませたい」と思う消費者の心をわしづかみにしました。

では、オールインワンゲルは何からつくられているのでしょう?

水、合成ポリマー、合成界面活性剤、防腐剤、その他の成分です。その主成分である「合成ポリマー」とは、液体のビニールのようなものです。

カルボマー、ジメチコン、～クロスポリマーなどと書かれているのが合成ポリマーです。皮膚にテープやビニールを貼ると、ピーンと張ってつるつるに見えますね。オールインワンゲルはそれと同じです。

お顔に合成ポリマーを塗るとシワが伸びて、ツヤツヤしたように見えるのです。実際は合成界面活性剤でお肌へのダメージが進んでいても、表面を合成ポリマーで覆うことで、あたかもお肌がきれいになったように感じているのです。

また合成ポリマーをお肌に塗ると、汗や皮脂を排出するための皮膚がビニールによってふさがれてしまい、肌本来の機能を発揮できなくなります。皮膚を雑菌から守る常在菌が住みにくい環境になり、常在菌が減ることで皮膚は不健康になります。

お肌に有効といわれる成分が配合されていても、合成ポリマー、合成界面活性剤、防腐剤といった有害な化学物質が主体であることに変わりはありません。

アンチエイジングを謳っている、シワやたるみを目立たなくする化粧品もこれと同じ原理なのです。

どんなに手軽でもお肌にはよくないものです。美肌を目指すのならば今日から使うことをやめましょう。

Lesson

# 素肌美人が絶対にしないこと

「いらない角質をコットンでこすって取りましょう！」

「角質を取るためにスクラブでマッサージを」

このように雑誌の美容特集やインターネット記事、化粧品のカウンセラーなども古い角質の除去をおすすめしていますが、無理に角質を取ることは絶対にやめてください！　コットンでこすり取るなんてもってのほかです。

お肌に「いらない角質」なんてものはありません。

角質はお肌の水分を保持し、異物が入るのを防ぐ役割を持っています。お肌をコットンでこすっている人の角質を顕微鏡で見てみると、コットンのせいで角質が弱くなり、ダメージが与えられています。角質が弱くなると水分を保持する能力も、異物の侵入を防ぐ力も弱くなります。それが原因で乾燥肌になり、花粉やダニにも反応を起こしやすくなってしまうのです。

また、お肌をこすることで炎症が起き、色素細胞が活性化し、シミがつくられやすくなります。美容皮膚科では酸をお肌に塗って、角質を化学的に融解して剥離《はくり》、除去するケミカルピーリングという治療法があります。しかし、私のクリニックにケミカルピーリングを希望して来院されるほとんどの方に施術をお断りします。雑誌、情報誌、インターネットなどで「オトナのニキビにケミカルピーリング」との情報を見て、来院される方の多くは角質の状態が悪く、皮膚の構造が壊れて、お肌に水分を保持する力が弱まっている状態です。そんなお肌にピーリングをして角質をはがすとなおさらお肌の状態が悪くなり、オトナニキビが悪化するからです。

実際に他院でケミカルピーリングをしてオトナニキビが悪化してどうしようもなくなったという患者さんも当院にはたくさんいらっしゃいます。

「素肌力」を発揮できる重要な一歩は角質が健康であることです。お肌は常に再生されているので、仕事を終えた角質は自然にアカとなってはがれてくれます。

「自然のままに任せる」が実は美肌にとってよいことなのです。

Lesson

# 肌を引っ張るのは絶対やめる

加齢に伴い、お顔の形がだんだんシャープではなくなる方がほとんどだと思います。これはお肌にハリが失われ、若いころには強固だった結合組織が緩み、重力に逆らうことができずにたるみが生じるからです。

鏡を見て、「たるんできたなー」と感じる瞬間は、本当にイヤなものです。夜のショーウィンドウや電車の窓に映し出された顔にがっかりしたことは、ある年齢以上の方なら経験がおありでしょう。しかしそんながっかりしたときにやってしまいがちなあることが、たるみを一層ひどくします。

それは、鏡を見ながら「若いころはこうだったよなー」などと、たるんだ皮膚を引っ張り持ち上げる動作です。それをすると、形状記憶されて若いころの自分に戻れる錯覚に陥りますが、決してそんなことはありません。

皮膚は引っ張ると伸びます。毎日毎日引っ張っていると皮膚は伸びっぱなしになります。伸びてしまった皮膚は重力でぶら下がり、たるみをひどくするのです。

ですから引っ張り上げるなんてそんな恐ろしいことは二度としないでください。

また、お肌をこするとシミが濃くなるだけでなく、たるみもひどくなります。思い浮かべてください。強いクレンジングやクリームを塗り込むとき、お顔の皮膚は動きますね。そのとき皮膚も引っ張られて伸びているのです。こすることでたるみは進行するのです。

では、たるんだ皮膚はどうしたら目立たなくなるのでしょう。まずは引っ張らない、こすらないことが、たるみの進行を止めます。また、お顔の血行をよくし、リンパの流れをスムーズにすることがたるみ防止につながります。しかし、血行がよくなるからといって、お顔をマッサージすることはおすすめしません。マッサージはお肌をこする動作なのでシミをつくります。マッサージをしてもよいのは顔ではなく、あごの下からフェイスライン、耳の下、そこから首（デコルテ）にかけてです。しかも力は入れず、そっとなでおろすくらいにしてください。お顔のツボをそっと押すのはOKですが押してよいツボも限られています。決して頬骨の上は触らないでください。頬骨の上は少しの刺激でもシミがつくられます。いわゆる肝斑《かんぱん》というシミです。多くの女性がお使いになっているコロコロもシミを濃くするのでおすすめしません。

たるみ防止で手軽にできるいちばんのおすすめは「耳マッサージ」です。

まずは背筋をピンと張ります。頭を下に向けながら耳の上部を横に引っ張り1分間キープ。これによって肩から首にかけて滞っていた血流がよくなります。その後数回耳全体をグネグネもんだり、折りたたんだり、いろいろな方向に引っ張ったりすると、お顔の血行がよくなってポカポカしてきます。シミをつくってしまう危険性がある顔マッサージよりもたるみ防止に効果的です。

また、たるみを改善させるには皮膚のコラーゲンを増やすことも大事です。コラーゲンが増えるとお肌にハリが戻り、重力に負けない結合組織がつくられます。もちろんコラーゲンを増やすために必要なのは、注射をするなんてことではありません。のちほど説明しますが、コラーゲン配合化粧品に効果はなく、コラーゲンを増やすには自らがつくり出すことが大切なのです。コラーゲンはバランスのいい食事も不可欠ですが、次項で説明する成長ホルモンによってつくられます。お金をかけなくてもたるみを目立たなくできるのです。

## たるみを防ぐ「耳マッサージ」

① 背筋をピンと張る

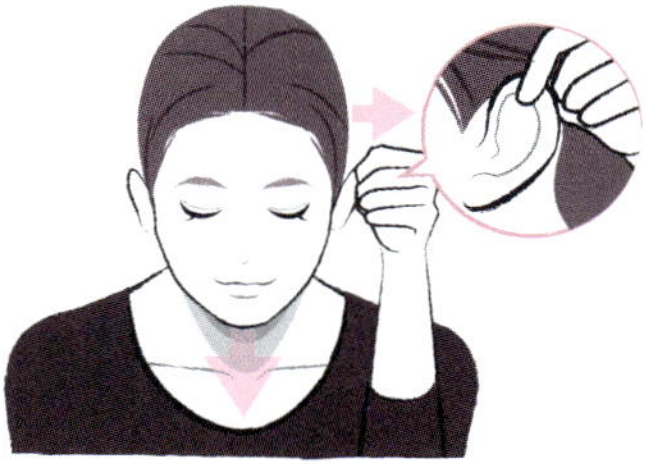

② 頭を下に向けながら耳の上部を真横に引っ張り、1分間キープ

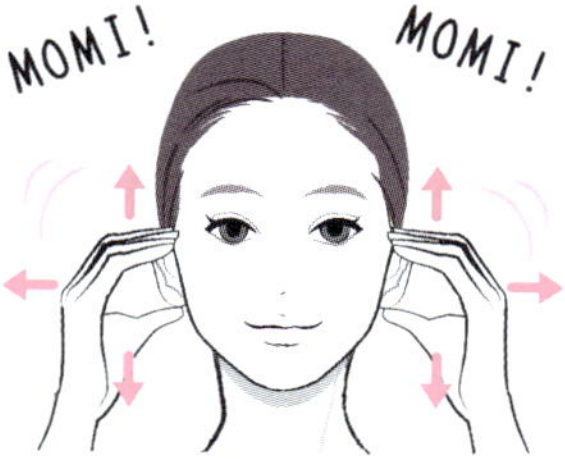


③ 耳全体をもんだり、折りたたんだり、いろいろな方向に引っ張る

Lesson

# “少し”の運動が美肌細胞を活性化する

あなたは、体を動かすのは好きですか？

もし最近お肌の調子がよくないな……ということであれば、運動不足もひとつの原因かもしれません。運動をしている女性のお肌はコラーゲンが多く、ハリのあることが証明されています。

運動をすることで分泌された成長ホルモンによってコラーゲンが生成され、皮膚の修復が行われるので、若々しいお肌を保つことができるのです。

ウォーキング、エアロビクス、水泳、ジョギングなどの有酸素運動は、心肺能力を高めます。血行がよくなり、酸素や栄養素が効率よく運ばれることで、皮膚細胞の再生、修復能力が高くなります。定期的に発汗することで、有害物質が排出され、汗に含まれる保湿成分でお肌が潤います。

また運動前に行うストレッチは、脂肪燃焼効果を高め、体の柔軟性も高めます。ダイエットにも効果がある他、体が柔らかいと血行がよくなります。するとコラーゲンをつくっている細胞が活性化、うれしいことにより多くのコラーゲンを生成してくれます。さらに、ホルモンバランスも整い、血管年齢が若返るとともに美肌に近づきます。

運動嫌いの人は、毎日歩くだけでもよいのです。ただしダラダラと歩くのはダメです。姿勢を正して早歩きをしましょう。今日から1駅分は歩く、エスカレーターは使わないで階段にするなど、それだけの運動でも美肌に近づきます。

ただ、運動をする際、気をつけなくてはならないことがあります。それは運動のしすぎです。

運動後に疲れて動けないくらいのマラソンやトレーニングは活性酸素を発生させ、体を酸化させてしまい、美肌にはかえってマイナスです。美肌どころか老化の原因になります。

運動後さわやかな気分になるくらいの、少しの運動が美肌のためにはいちばんよいのです。

私が何年も続けているのが、加圧トレーニングです。加圧トレーニングとは、腕や脚のつけ根に特殊なベルトを巻いて、圧力をかけながらする筋力トレーニングです。この効果がすごいのです。

約30分の軽いトレーニングで、通常の約290倍もの成長ホルモンが分泌されます。さらにすごいのが運動中だけではなく、加圧トレーニング後数日間は成長ホルモンの分泌が続くことです。

美肌だけではなく、筋力がアップすることで基礎代謝が高まり、脂肪が燃焼され太りにくい体を手に入れることができるのです。

私が加圧トレーニングを始めたときにびっくりしたのが、指導してくださるトレーナーのお肌のきれいなこと！　中年の男性でも、ツルツルのピッカピカなお肌なのです。私はその先生のお肌を目指して、週に1回加圧トレーニングに通っています。

Lesson

# お金をかけずにコラーゲンを増やす方法

「プルプルお肌にしたいならコラーゲン♪」と多くの方が認識しているのではないでしょうか。

皮膚を構成する大部分はコラーゲンからできているので、お肌にとって確かにコラーゲンは大事なものです。

今や洗顔料からクリームまで、いろいろなものにコラーゲンが配合されています。

また、「コラーゲン入りの化粧品」を使うと、皮膚のコラーゲンが増えて美肌になると思っていませんか？

実は……それは間違いです。

まず、コラーゲンはとても分子の大きな物質なので、皮膚には吸収されず、皮膚深くのコラーゲンがある層には到達しません。

最近はコラーゲンをとても小さくする技術が開発され、皮膚の奥に届くコラーゲンもあるようです。しかし、皮膚の奥にコラーゲンが到達したからといって、皮膚のコラーゲンと合体したり、働きを強めたりすることはできません。

「コラーゲン配合の化粧品は皮膚の表面を覆って保湿の役割をするには役立つ程度」と認識してください。

「コラーゲンを口から摂取すると、皮膚のコラーゲンが増えて、お肌にハリが出る」とお思いの方、そう単純ではありません。

コラーゲンはタンパク質の一種です。コラーゲンを摂取すると、消化されてアミノ酸に分解され腸から吸収されます。アミノ酸は体のさまざまなところで必要とされているので、まず、生きていくのに必要な場所に分配されます。アミノ酸がそれぞれの場所で消費されてあまったら最後に皮膚に分配されると思ってください。

フカヒレや豚足を食べても、そのまま皮膚にいくわけではないのです。

私が実践している美肌習慣をひとつご紹介しましょう。

ゼリーをつくるゼラチンを毎日コツコツ摂取するとお肌にハリが出ます。それは、ゼラチンを構成するアミノ酸がお肌のコラーゲンに分配されやすい性質であることと、毎日摂取することで、生命維持に大事なところで使われても皮膚に行き届くようになるからです。毎日コツコツ摂取が大事ですよ！

量は1日に1～2袋（ゼリー200～400ml）分です。多すぎると腎臓に負担がかかるので量は守ってください。

コラーゲンサプリはどうなの？　とよく質問されますが、コラーゲンサプリやコラーゲンドリンクにはいらない添加物がたくさん入っています。高価なコラーゲンサプリやドリンクは必要ありません。安いゼラチンがいちばんです。

Lesson

# 美肌はシャンプーの仕方にも関係がある

髪を洗うとき、あなたはどんな体勢で洗っていますか？

シャンプー、リンス、トリートメントなどがお顔につかないように気をつけていますか？

頭を下げて下向きでシャンプーをしてすすぐ方が多いと思いますが、そうすると、シャンプーなどを流したお湯がダラーッとお顔に流れてきてしまいます。

市販されているシャンプー類の多くには強い洗浄成分が含まれていて、体の中でいちばん弱い皮膚であるお顔には刺激が強すぎます。

あとでまたお顔を洗えばよいと思うかもしれませんが、それは大間違いです。

実はシャンプー類に含まれている強い成分は一度お肌についてしまうと、しばらく取れません。ジワジワと皮膚の構造を壊していき、保湿成分がぜんぶ流れ出てしまいます。

ですからお顔には一切シャンプー類はつけてはいけません。最初のうちは体勢がつらいかもしれませんが、頭を後ろに反らしたり、横に倒したりして顔にかからないように注意して洗髪しましょう。

腕を上に大きく上げる必要があるので、二の腕がつらくなって頭を下げたくなりますが、「腕の筋トレ」と考えると楽しくできますよ。

また、シャンプーやリンス、トリートメントの選び方についても注意が必要です。

店頭には、「頭皮にやさしい」とか「ノンシリコン」「アミノ酸系」「ベビー用」などさまざまな商品が並んでいますし、素敵なコマーシャルもたくさん流れています。これだけを見るとどれもお肌にやさしいものだと思うかもしれません。

しかし、決してそんなことはありません。ほとんどの商品に有害な化学成分が含まれています。

では、顔につかないように気をつければいいかというと、実はそれだけではないのです。肌荒れを起こす原因に多いのが、実は手に残ったトリートメントなのです。洗髪を終えると、水分を取るためお風呂上がりに髪の毛をタオルで束ねている方も多いでしょう。そのとき、髪の毛に残っているトリートメントが手につきます。

トリートメントの強い化学成分は、きれいに洗い流したつもりでも髪と手に残っています。お風呂上がりにその手で基礎化粧品をつけると、トリートメントの化学物質がお顔に付着してしまうのです。

洗髪時に化学物質をお顔に一切つけないように頑張っていても、基礎化粧のときに化学物質が残った手で化粧水をつけることで顔にもそれがついてしまい、肌荒れの原因になるのです。

では美肌のためにいちばんいい方法――それは石けんで洗髪して、化学物質は一切使わないことです。

「石けんで洗髪するなんて、髪がゴワゴワするし、ありえない！」と、きっとお思いでしょう。確かに石けんで洗髪すると、最初のうちは髪の毛がゴワゴワします。

カラーやパーマで髪質が傷んでいる方は、ゴワゴワ感が顕著にあらわれ、石けんでの洗髪を断念したくなるかもしれません。でも、頑張って続けると、頭皮の状態もよくなり、髪本来の持つハリも出てくるなど、髪の健康が戻ってきます。

乾燥肌、ニキビも石けん洗髪に変えるだけでよくなるかもしれません。

背中や胸のニキビに悩んでいる方のほとんどは、トリートメントが皮膚につくことが原因なので、石けんシャンプーに変えることで長年の悩みから解放されるでしょう。

最近は液体の石けんシャンプーやリンスも多く市販されていますが、固形石けんのほうが刺激が少なくしっとりと洗い上がります。

Lesson

# ツヤのある美しい髪になる石けんシャンプー

石けんでシャンプーをするなんて……いったいどうやって洗うの？　ゴワゴワしそうだからイヤだなと思う方もいらっしゃると思います。

ここではその手順をご紹介します。

石けん洗髪を始めて1カ月ほどは、べとべとして頭皮のにおいが気になるかもしれません。それでも我慢して続けてください。

それまで、シャンプーという洗浄力の強いものを使っていたので、頭皮のガード役である皮脂が流されてしまっていました。流れた分を補おうと、頭皮の皮脂を出す力が強まっていたのです。そのため今度は皮脂があまる状態になります。

石けん洗髪を続けていくと、皮脂を分泌する力が徐々に弱くなるので、べとべと感もにおいも気にならなくなります。

シャンプーで洗髪すると、半日くらいで頭皮の皮脂臭が強くなると言う方も多数いらっしゃいます。そんな方も石けん洗髪を始めて1カ月もすると、だんだん頭皮がにおわなくなってきます。

それだけではありません。皮脂の分泌が抑えられるので、毛穴のつまりができにくくなり、抜け毛が多かった方も、生える方向に進みます。髪の毛にハリ、コシも出てきます。

また、頭皮に炎症が起こる脂漏性皮膚炎《しろうせいひふえん》と診断されている状態は、真の脂漏性皮膚炎ではなく、シャンプー類が原因であることも多いです。シャンプー類に配合されている強い洗浄成分による頭皮への直接的なダメージと、洗浄成分が頭皮にいる菌のバランスを崩すことでカビが繁殖するのが原因です。

石けんで洗髪を始めると、長年治らなかった脂漏性皮膚炎などの症状も、数カ月はかかりますが改善していきます。

石けん洗髪は、お肌にも、頭皮にも、髪の毛にもよいことずくめなのです。

美しい髪は美肌同様女性の魅力を引き立たせてくれるものです。ぜひ次ページの方法で石けん洗髪を実践してみてください。

## 石けん洗髪の方法

①洗髪前にブラッシングし、髪のもつれをほぐす（地肌の汚れを浮き上がらせる）
②手で頭皮をもみ込むようにしてシャワーでよくすすぐ
③固形の石けんを頭皮に軽くすり込むようにして泡立てる。洗うのはあくまでも頭皮で、髪の毛を洗うのではないことを意識
④1回目は泡立たなくても気にせずさっと済ませ、洗い流し、2回目できちんと泡立てて頭皮を指の腹で洗う
⑤石けんをよく洗い流す
⑥洗面器半杯のぬるま湯にクエン酸を小さじ2分の1〜1杯加えて混ぜたものを髪の毛にいきわたらせる（石けんで洗髪して髪の毛がアルカリ性に傾くとキューティクルが広がるので、クエン酸で普段の髪の弱酸性に戻す）
⑦頭皮をマッサージする
⑧よくすすぐ

①

②

手でもむように洗う

③ ④

1Step 予洗い
2step 泡を立てて
頭皮を指の腹で洗う

⑤

顔に掛からないよう
よく洗い流す

⑥

ぬるま湯

⑦

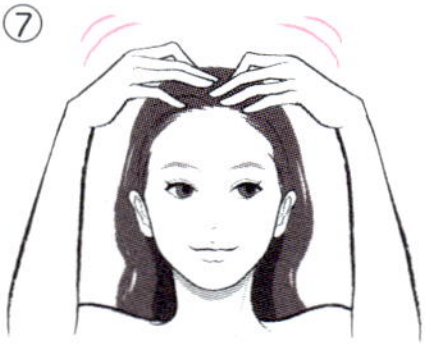

頭皮マッサージをする

⑧

顔に掛からないよう
よく洗い流す

石けんシャンプーの場合、髪の毛を一生懸命に洗う必要はありません。むしろ一生懸命洗うことで髪をツヤツヤにする成分のキューティクルが落ちてしまいます。髪ではなく、頭皮をマッサージするようによく洗ってください。

石けんは発泡剤が添加されていると泡が立ちすぎて、きれいに頭皮が洗えません。使用する石けんは27ページを参考にして無添加のものを選んでください。

Lesson

# お金をかけないでシミをきれいにする方法

目元や頬など、お顔のシミは特に老けて見えますから、女性にとっては特になんとか解決したい最大の悩みですよね。

一口にシミといっても、いろいろな種類があります。お肌の老化現象によるもの、紫外線にあたったことによってできたもの、けがやニキビのあとにできたもの、そばかす、肝斑《かんぱん》など。

てっとり早くなくすのであれば、美容皮膚科を受診し、美白効果のある薬を使用したり、レーザーをあてたりすることでシミはきれいになります。ただ、シミの大きさや範囲によりますが、結構な額のお金がかかってしまいます。

お金をかけずシミをきれいにする方法はないのでしょうか? いいえ、あります。

それはお肌を刺激しないことです。

「は？　刺激しないってどういうこと？　そんなことでシミが消えるはずないでしょ？」とお思いの方。

クレンジングや洗顔のとき、ゴシゴシ洗っていませんか？　化粧水を塗るときにお肌をコットンでこすったり、バチバチたたいたりしていませんか？　乳液やクリームをすり込んでいませんか？　これらはすべてお肌にとって刺激となります。

皮膚に刺激が加わると、その刺激からお肌を守ろうと色素細胞が働いてメラニン色素がつくられます。それがくすみやシミの原因になるのです。

いろいろな種類のシミがありますが、すべてのシミはあなたがお肌を刺激することで濃くなり、当然のことながら刺激をやめれば薄くなります。

私は温泉が好きなので、休みの日には温泉旅行などに行きますが、その際に他の人のスキンケアを見る機会がよくあります。しかし、そっと見ていると、99・9％の人がお肌によくない刺激を与えるスキンケアをしています。1000人のうち999人はスキンケアをすることで、シミをつくり濃くしているのです。

私は美容皮膚科医ですので、患者さんにレーザーでシミをきれいにする治療をしていますが、いちばん力を入れているのは、患者さんに正しいスキンケアを教えることです。

どんなに高い治療費をかけても、お肌を刺激しない正しいスキンケアを身につけていただかないと、患者さんのシミはすぐに再発します。またレーザーなどの治療をしないで、スキンケアを指導するだけの患者さんもたくさんいます。なぜなら、その患者さんにとって、お肌を刺激しないことが唯一のシミの治療になるからです。

あなたは今まで何十年もお肌を刺激するスキンケアを無意識にやっていたのではないでしょうか？

まずは無意識を意識化することが大切です。クレンジングや洗顔時にお肌をこすらないでください。基礎化粧品は両手でお肌を包み込むようにふんわりとつけましょう。ファンデーションを塗るときもこすらず、やさしくそっとお肌に置く感じで。いつもお肌を触るか触らないかくらいで手入れすることが重要です。

お肌を刺激しないスキンケアを身につけ、お金をかけずにシミをきれいにしましょう。

Chapter 2

# キラキラ輝く美肌は食べ物でつくられる

Lesson

# 肌にとって大事な2つのこと

乾燥がひどいから保湿をたっぷりと、オイルもしっとりタイプに替えて……とお肌のトラブルが生じたときに化粧品を見直す方もいらっしゃるかもしれませんね。

しかし、お肌は体の一部です。当然ですがあなたが食べたものがあなたの体をつくり、肌をつくるのです。美肌の人はみんな、栄養バランスに気を配り、健康的な食生活を送っています。

しっかりとお手入れしているのにお肌の調子が悪いとしたら、食生活が根本的な原因かもしれません。

では具体的にどのようなことに気をつければいいのでしょうか？

美肌になるための食べ物で大事なことは大きく2つです。

## ① 酵素を摂取する
## ② 腸内環境をよくする

この2つについては次項から詳しく解説しますが、これらのことを頭に入れて食生活を送ると、肌荒れに悩まなくなります。しかし、ほとんどの人はこのことをあまり気にせずに食事をとったり、日常生活を送っているように思います。その結果、必要な栄養素が足りず、腸内環境が悪化した状態に陥っています。

美肌と健康はつながっており、どちらが欠けてもダメ、この2つのことを意識しなければ決して健康にもなれません。

それではまずひとつ目の重要ポイント、「酵素」から見ていきましょう。

Lesson

# 美のカギ、酵素をたっぷりとる方法

人間の体は37兆個とも60兆個ともいわれる数の細胞で構成されていて、それら一つひとつの細胞が化学反応を行っています。その化学反応に必要なものが「酵素」です。私たちの体内には3000種以上の酵素があるといわれており、生命活動の維持の働きを担っています。

家にたとえると、コンクリートや木材だけを持ってきても家は建ちません。それらを組み合わせる「大工さん」が必要です。その大工さんの働きをするものが体内の酵素です。酵素は人間が生きていく上で欠かせないものなのです。

酵素はいろいろな種類がありますが、私たちが食べたものを消化する「消化酵素」も酵素のひとつです。食べたものは消化酵素によって小さく分解され、体内に吸収されます。

酵素は体内でつくられますが、人が一生のうちにつくることができる酵素の量は限られているといわれています。また、体内でつくられる酵素は、残念ながら年齢を重ねるにつれ徐々に減っていきます。

また、1日で消費できる酵素の量は決まっており、生きるために必要なところで酵素が使われると、重要ではないところに酵素が回っていきません。

たとえば髪の毛が黒いことは生命を維持することには関係ないので、髪の色をつくるために使われる酵素は切り捨てられます。それが白髪になる理由なのです。酵素を十分補給して無駄遣いしない生活を送っていれば、黒々とした髪でいられるのです。

次項で説明するように、酵素を無駄遣いしないと同時に、食べ物から酵素を補充することが美容そして健康において大事です。

酵素は植物や動物、命があるものすべてに存在します。しかし、酵素は熱に弱く、加熱すると失われてしまうので、生で食べることが大事です。

健康に気をつけている方の多くは、野菜をゆでたり、蒸したり、スープにして量をとろうとしていますが、それでは不十分です。酵素は熱に弱いので、生の野菜をとる必要があるのです。

また、酵素は果物にもたくさん含まれています。毎日意識的に果物をとると、体内の酵素が無駄遣いされずに済みます。

リンゴやパイナップル、アボカドやキウイなども消化酵素を多く含んでいます。お肉をリンゴのすりおろしにつけると、お肉が柔らかくなるのもリンゴの酵素の力です。もちろんすりおろしてもかまいません。すりおろしといえば、特に大根にはアミラーゼ、プロテアーゼ、リパーゼなどの消化酵素が豊富に含まれています。焼き魚などに大根おろしが添えられていることも多いですが、これも消化を助けるためです。

酵素は生の食材であれば果物や野菜以外にも含まれていますから、酵素をたくさん取りたければ、お肉もウェルダンではなくレアで。焼き魚より刺身やカルパッチョにして。加熱した食べ物と非加熱の食べ物の比率が半々くらいを目指しましょう。

食事どきには、まずは酵素いっぱいの生野菜や果物を先にいただいて、それから他のものを食べることが消化の手助けになります。くれぐれも果物は食後のデザートではないことを心にとどめましょう。

酵素をつくる限界が来ると生命が終わります。いかに酵素を無駄遣いせずに生きるかが、健康で美しく長生きするための秘訣なのです。

## 酵素の多い食品

| フルーツ |
| --- |
| イチゴ |
| キウイ |
| バナナ |
| マンゴー |
| パイナップル |
| グレープフルーツ |
| リンゴ |
| プルーン |
| イチジク |
| 梨 |
| ブドウ |

| 発酵食品 |
| --- |
| 納豆 |
| 味噌 |
| 醤油 |
| キムチ |
| 甘酒 |
| 粕漬け |

| 野菜 |
| --- |
| ブロッコリー |
| キャベツ |
| アボカド |
| セロリ |
| 人参 |
| ピーマン |
| 大根 |
| 玉ねぎ |
| トマト |
| ホウレンソウ |
| ニラ |
| ジャガイモ |
| ゴーヤ |
| ナス |
| パプリカ |
| 生姜 |

| その他 |
| --- |
| エキストラバージンオリーブオイル |
| 非加熱はちみつ |
| 野菜の新芽（スプラウト） |
| 生の海藻 |

Lesson

# あなたの体内、酵素の無駄遣いしていませんか？

それでは、酵素を無駄遣いする食生活を見てみましょう。肌荒れにお悩みのあなたにも心当たりがありませんか？

早食い‥早食い、噛まない食事は消化酵素をたくさん消費します。ゆっくり食べてよく噛むことで口の中で大きな食物が細かく分解され、その後の消化をスムーズにしてくれます。ひと口入れたら箸を置き、最低30回噛むことを意識してゆっくり食事をいただきましょう。

大食い‥たくさん食べすぎると、消化酵素が追いつきません。消化し切れなかった食物は腸内で腐敗し悪玉菌を増やします。食事は「お腹がいっぱい！」と感じるくらいまで食べてはいけません。腹八分目で終えることが大事なのです。

**トランス脂肪酸**：心筋梗塞《しんきんこうそく》や狭心症のリスクを増加させ、アレルギー疾患を増加させることが確認されている質の悪い油です。時間が経っても酸化することがなく、カビも生えず、腐らない油なのです。

トランス脂肪酸が体内に摂取されると酵素が大量消費され、それでも代謝できず体内にとどまり悪さをします。マーガリン、ショートニング、ファットスプレッド、またそれらを原材料に使ったパン、ケーキ、ドーナツなどの洋菓子に多く使われています。

ひと昔前、トーストにマーガリンを塗って食べる朝食は、バターの動物性油脂より健康にいいと思われていましたが、とんでもないことだったのです。

マーガリンの箱の裏の成分表示を見てください。「食用精製加工油脂」と表示がありますね。それがトランス脂肪酸を含んでいるということです。

私は昔、マーガリンをたっぷり塗ったトーストが大好きで、毎朝食べていた時期がありました。そのころ肌荒れがひどかった……。

見逃しがちなのが、多くのファストフードの揚げ物に使われている油脂がトランス脂肪酸なことです。いつまでも酸化せず、時間がたってもおいしく感じるフライドポテトやフライドチキンをつくるために使われています。

現在、アメリカではトランス脂肪酸の使用が全土で禁止されています。世界中でトランス脂肪酸の害について議論されるようになってからは、日本でも各企業がトランス脂肪酸を減らしていく努力をするとの見解を述べましたが、日本政府による規制はなく、野放し状態になっています。

あのカリカリ、サクサクのポテトは、トランス脂肪酸まみれ。昔はとってもおいしいと思って食べていましたが、この事実を知ってからはもう口にする気がしません。無知とは恐ろしいことです。

**食品添加物や農薬**：食品添加物や農薬は体内に入ると、不要物として肝臓で解毒、分解されますが、このとき酵素が大量に消費されます。しかし、不要物の多くが分解されず体内に蓄積します。再度分解しようと肝臓が頑張って働きますが、その過程で体に悪い活性酸素も大量発生します。

日本は添加物王国といわれるほど使用許可を得ている添加物が多く、その数は年々増えています。コンビニ弁当、ファストフード、カップ麺には大量の食品添加物が使われています。

「カロリーゼロ」の飲み物に使われている人工甘味料「アスパルテーム」「アセスルファムK」、ハムなどに使用されており、色をきれいに見せる発色剤「亜硝酸ナトリウム」、おいしく感じさせる化学調味料など、世の中は食品添加物であふれています。

よって食品添加物を知らぬ間にたくさん摂取しないように、自らが気をつけて食事をとる必要があるので、裏面の表示を見て購入するのはもちろん、少し高価でも無農薬・減農薬・自然栽培の野菜やお米を食べることが、美肌につながります。

次ページに危険性の高い食品添加物の一覧をつけました。食品を購入する際の判断基準としてお使いください。

動物性タンパク質のとりすぎ：肉や魚、卵や牛乳などの動物性タンパク質は人間の体をつくる大事な栄養素です。しかし、とりすぎると消化酵素で分解しきれず消化不良を起こし、大腸に停滞します。

## 危険性の高い食品添加物一覧

### 発がん性やその疑いがある

- 小麦粉改良剤——臭素酸ナトリウム
- 着色料——タール色素
（赤色2号、3号、40号、102号、104号、105号、106号、黄色4号、5号、青色1号、2号、緑色3号）、カラメル色素（カラメルⅢ、Ⅳ）、ウコン色素、二酸化チタン
- 甘味料——アステルパーム、ネオテーム、サッカリン、サッカリンNa（ナトリウム）
- 発色剤——亜硝酸Na
- 保存料——ソルビン酸
- 防カビ剤——OPP（オルト・フェニル・フェノール）、OPP-Na
- 漂白剤——過酸化水素
- 酸化防止剤——BHA（ブチル・ヒドロキシ・アニソール）、BHT（ジブチル・ヒドロキシ・トルエン）
- 乳化剤——ポリソルベート60、80
- 増粘多糖類——トラガントガム

### 催奇形性やその疑いがある

- 防カビ剤——TBZ（チアベンダゾール）
- 酸化防止剤——EDTA-Na（エチレンジアミン四酢酸二ナトリウム）
- 増粘多糖類——ファーセレラン

### 急性毒性が強く、臓器などに障害をもたらす可能性があるもの

- 殺菌料——次亜塩素酸Na
- 漂白剤——亜硫酸Na、次亜硫酸Na、ピロ亜硫酸Na、二酸化硫黄
- 保存料——安息香酸Na、パラベン（パラオキシ安息香酸エステル）
- 防カビ剤——イマザリル、ジフェニル

株式会社ワンダー・アイズ主催
「渡辺雄二の食育セミナー」資料より

特に、停滞した肉は悪玉菌のエサになり、増えた悪玉菌によって腐敗し、人体に有害な「窒素残留物」をつくり出します。この窒素残留物から発がん性の懸念もある有害物質が発生し、腸から吸収され、血液中にとり込まれます。そこから体じゅうに運ばれ、肌荒れだけでなくさまざまな病気が生じることになるのです。

**飲みすぎ**：アルコールが体内に入るとアルコール脱水素酵素が作用してアセトアルデヒドと水素に分解されます。その後、アセトアルデヒド脱水素酵素が作用して、さらに無害な酢酸《さくさん》と水素に分解されます。

アセトアルデヒドは毒性が高く、頭痛や吐き気の原因になります。アセトアルデヒドの分解がスムーズにいかないのが、あのつらい二日酔いの症状です。アルコールを分解するためにたくさんの酵素が使われ、それでも追いつかないと毒性の強いアセトアルデヒドはしばらく体に残り、体中の細胞を攻撃します。活性酸素も発生し、体も肌もボロボロになります。回復しようとまた酵素は頑張り、膨大な酵素の無駄遣いになるのです。

私も二日酔いは何度も経験しました。若いころは多少飲みすぎて二日酔いになっても、酵素の力が強く昼には回復しましたが、歳を重ねるにしたがって、飲みすぎると体調が戻るのが遅くなってきました。

体内酵素の生成には限界があると知ってからは、「もう、飲みすぎないぞ!」と誓い、楽しく飲める程度にしています。

## アルコールの分解にかかる時間はどのくらい？

お酒を飲むときに覚えておいてほしいのが、飲んだお酒がどのくらいの時間で分解されるのかということ。

そのときに基準となるのがお酒の「単位」です。

医学的には1日2単位までが望ましいとされています。

### お酒の1単位

ビール
中ビン1本（500ml）
アルコール度数：5度

ウイスキー
ダブル1杯（約60ml）
アルコール度数：43度

缶チューハイ
1.5缶（約520ml）
アルコール度数：5度

### アルコール分解にかかる時間

※3単位飲んだ場合

1単位のアルコール分解は3～4時間必要

8時間寝たとしても、分解されるのは2単位のみ！

（※個人差あり）

翌朝、1単位分のアルコールが残る
↓
二日酔い！

**夜寝る前の食事**：私たちの体は眠りに入ると、消化酵素も休みます。寝る前に食事をとってしまうと消化酵素の活動が弱いため、食べたものをきちんと消化することができず、腸内の腐敗を生じます。遅くとも寝る3時間前には固形のものを何も口にしてはいけません。朝起きたときに膨満感《ぼうまんかん》が残っていることは、肌荒れの原因になると自覚しましょう。

**砂糖のとりすぎ**：砂糖は悪玉菌の大好物です。甘いものが大好きな人の腸は悪玉菌が増えて正常な栄養吸収がされません。砂糖は腸だけでなく、体のあらゆるところで悪さをします。

砂糖を摂取すると、体内でブドウ糖と果糖に分解・消化されます。このときに大量の酵素、ビタミンB、ミネラルが消費されます。また、体に吸収されやすい糖分なので体の糖化（91ページ参照）を進ませます。その結果、活性酸素を発生させ、シミやシワの原因になるのです。甘いものを食べる前に、これらのデメリットを少し考えてみましょう。

甘いものをまったく食べないのが難しいなら、今まで毎日食べていたのを3日に1

回にするなど回数や量を減らす努力をしてみましょう。

私の家には砂糖を置いていません。お料理にも砂糖は使いません。砂糖の代わりに羅《ら》漢《かん》果《か》顆粒やアガベシロップでスイーツをつくって楽しんでいます。

てんさい糖、きび砂糖、はちみつ、メープルシロップなどは、ビタミンやミネラルが多く、血糖値の上昇はそんなに急ではないので、白砂糖の代わりに使うのもよいでしょう。しかし、量をたくさん摂取すれば白砂糖と同様に血糖値は高くなり、腸内環境も悪くなる方向に傾くので気をつけましょう。

ちなみに、少し茶色味がかった三温糖は、白砂糖よりミネラルが多くて体によいと思われがちですが、それは勘違いです。精製工程で白砂糖をつくるときより加熱する回数が多いので、カラメル成分が形成され茶色になります。カラメルは、のちに記述する糖化物質なので、さらに体に悪いと言えるでしょう。

Lesson

# 野菜・果物によるアレルギーに気をつける

酵素を体に取り入れ、腸に善玉菌を増やす野菜と果物は、すばらしい食べ物です。しかし、特定の野菜や果物にアレルギーがある人は、それらを控えるなど気をつけなくてはいけません。

野菜や果物を食べて唇が腫れた、呼吸が苦しくなったなど、強いアレルギー反応があったものを避けるのはもちろんですが、食べると口の中がピリピリする、何となく口の中に違和感がある……というのもアレルギー症状かもしれません。

知っておいてほしいのが、花粉症と野菜・果物アレルギーには相関があることです。スギ、ヒノキの花粉症がある人はトマトにアレルギーを生じやすいのです。

一覧を示しますので、参考にしてください。

**アレルギーを生じやすい植物と野菜、果物の関連**

| | |
|---|---|
| スギ、ヒノキ | トマト |
| シラカバ | バラ科（リンゴ、モモ、サクランボ、ナシ、イチゴ、ウメなど）、キウイ、ニンジン、セロリ、クルミ |
| ブタクサ | スイカ、メロン、キュウリ、バナナ |
| カモガヤ | メロン、オレンジ、トマト、バナナ、セロリ、ジャガイモ |
| ヨモギ | リンゴ、キウイ、ニンジン、セロリ |

野菜や果物以外にも、食べて体の調子が悪くなると気がついたものにはアレルギーがあるかもしれないと考え、摂取を控えることをおすすめします。

Lesson

# 美容と健康は腸内環境できまる！

では、２つ目の大事なポイント、腸についてお話ししましょう。

心臓や脳のように生命を維持するスター的な存在ではありませんが、腸は食べ物を分解、吸収するだけではなく、食べ物と一緒に体内に入ってこようとする有害物質や病原菌を入れない大事な役割も担っています。

腸が健康だと免疫機能が強く働き、風邪や病気にかかりにくくなります。腸には大事な免疫機能が備わっているのです。その他にも腸が健康であれば肌もきれいになります。

私たちが食べたものは消化酵素で分解され、腸から栄養を吸収します。腸が不健康だと、正しく栄養を取り入れることができず、体もお肌も不健康になります。

では腸が健康な状態とはどんな状態でしょう。

腸には1000種、1000兆個の腸内細菌が住み着いています。それらは、健康を維持する作用のあるビフィズス菌や乳酸菌などの「善玉菌」、ウェルシュ菌や大腸菌などの「悪玉菌」、どちらにもなりえる「日和見菌《ひよりみきん》」に分類されます。

健康的な腸の細菌比率は、善玉菌2：悪玉菌1：日和見菌7だといわれています。

これら腸内細菌が人間の消化活動を補助し、病原菌の排除、発がん物質の分解・排泄、ビタミンの合成、免疫力を活性化する働きをも担っているのです。

腸内細菌の比率が乱れ、悪玉菌が多くなりすぎると、その働きが鈍くなり、正しい栄養吸収も行われなくなります。肌荒れに悩む方の多くは悪玉菌の比率が多い腸なのです。


ところで腸内環境が正常か、腸が健康かは便で判断できます。健康な腸が生み出すのは、黄色みがかった水に浮く便で、量はバナナ1本分くらいです。食物繊維と善玉菌がつくり出す悪臭のしないよい便です。

あなたのおならや便は臭いですか？　臭いのであれば、腸内は悪玉菌が多くなって腐敗し、有害物質が体中をめぐり肌荒れの原因になっています。

また、よく風邪をひく人も腸内環境が悪いのです。腸を改善させるとびっくりするくらい風邪をひかなくなります。

腸を健康にするためには食物繊維が多く含まれた食材をとり、善玉菌を増やしましょう。特に納豆、キムチや漬け物など植物性の発酵食品は善玉菌を増やします。

また毎日召し上がっているという方も多いと思いますが、ヨーグルトは動物性の発酵食品で、善玉菌を増やすと考えられてきました。しかし最近、ヨーグルトは腸によくないと発表する研究者が多くいます。

私自身の実験でも、牛乳からつくられたヨーグルトは腸内環境を悪化させるという結論が出たので、積極的にはとらないようにしています。その代わりに豆乳からつくられたヨーグルトを愛食しています。

Lesson

# 驚くほど美肌になるプチ断食

体の中から美肌を得るためには、腸内環境を整え、善玉菌を増やすこと、それが驚くほどの美肌を実現する方法です。そのためには悪玉菌のエサになるものを一切口にしない、プチ断食がとても有効です。

断食といってもまったく食べないわけではなく、善玉菌のエサになるものと酵素だけを体にたっぷり取り入れます。

64ページでお話ししたように、酵素は食べたものを消化することで大量に消費されます。

プチ断食をすると、酵素を取り入れても消費することがないため、酵素があまる状態になります。そうすると生命の維持に直接関係しないお肌の代謝に十分な酵素が回されることになり、美肌につながるのです。

3日間でいいので、基本的に生野菜と果物だけを食べる生活にしてみてください。その際、生野菜には添加物がたっぷりのマヨネーズやドレッシングはかけず、亜麻仁油やエキストラバージンオリーブオイルをかけて食べましょう。また善玉菌を増やす納豆を食べるのもOKです。納豆に添付しているたれは添加物が入っているので、普通の醤油で味つけをしてください。

3日間のプチ断食は、そんなにつらくありません。果物から果糖が吸収されるので、水だけの断食で起こる糖不足による頭痛やめまい、だるさがそんなにありません。どうしても何か食べたいときは野菜の味噌汁をいただきましょう。ただし、即席ダシを使ってはいけません。昆布とかつお節からきちんとダシをとってください。味噌は無添加のものを使い、味つけに砂糖を加えてはいけません。

プチ断食中は、良質の水をたっぷり飲むことも大事です。間違っても清涼飲料水や炭酸飲料を口にしないでください。また、市販の野菜ジュースや100%果汁ジュースは加熱されているので生野菜と果物の代わりにはなりません。ご自分の手でつくるジュースはOKです。

**3日間プチ断食をすると、腸内環境が劇的に改善されます。**そして、酵素が皮膚の代謝に使われるので驚くほどお肌がきれいになります。

プチ断食の目的をきちんと理解して実行すると、プチ断食終了後も悪玉菌を増やす生活を避ける自分に気がつくかもしれません。だって、本当に3日間でお肌がきれいになるのですから、もう元の肌荒れ状態に戻りたくありませんよね。

3日間のプチ断食に自信がない方は、1日プチ断食をしてみましょう。1日でも効果を感じられます。

1日で腸内環境がガラッと変わることはないですが、少しでも美肌効果がわかれば「よしっ！　3日間やってみるぞ！」と心のスイッチを入れることができるでしょう。

プチ断食終了後も、善玉菌が多い腸内環境を保つのと、酵素を皮膚に回すために、朝食は生野菜と果物だけ。昼食や夕食時は、食前に生野菜を食べることを実行してください。よく噛んで、腹八分目で食事を終えましょう。

朝食をとるかどうかについてはさまざまな意見があります。私は朝は排泄の時間であって、食べ物を取り入れる時間ではない、寝ている間、活動を休んでいた腸に急に食べ物を入れることは、消化不良を起こし悪玉菌を増やす原因になるとの意見に賛成です。

よって、朝食はごく軽く。生野菜と果物だけが理にかなっているのだと思います。そして実際にそのような朝食に切りかえてお肌や体の健康を取り戻した患者さんをたくさん見てきています。果物の果糖で活動のエネルギーも十分に取り入れることができます。

Lesson

# 肌荒れの原因は小麦粉!?

健康志向の高い人やプロスポーツ選手が実践しているということで人気のグルテンフリー。グルテンとは小麦粉やライ麦、大麦に含まれるタンパク質のことです。グルテンフリーとはこれらを食べず、米や魚、肉、野菜、果物を中心とした食事をとることをいいますが、最近はグルテン不耐症という病気が増えています。

小麦アレルギーの場合は、小麦を摂食するとすぐに免疫作用が起き、体に異変をきたしますが、グルテン不耐症の場合は摂取後一定時間が経ってから体に異変が生じます。パン、うどん、パスタ、ラーメンなどに含まれるグルテンが腸の炎症を起こし発生する病気です。

10人に1人がこの病気を持っているとされ、原因不明の体調不良や肌荒れは、このグルテン不耐症が原因だと判明した事例が数多くあります。

お腹にガスがたまる、便秘・下痢を繰り返している、小麦粉を含む食事をしたあとに疲労を感じるなどのサインがあれば、グルテン不耐症を疑う必要があります。しかし、ほとんどの人はその症状に気づいていません。

何をしても治らない肌荒れの方はグルテン不耐症を疑ってみましょう。パンやパスタ、小麦粉でつくられたもの、その他麦類を一切摂取しない実験を1週間くらいしてみてください。ただ、小麦粉はさまざまな食品に使われているので、グルテンフリーの生活は少し大変かもしれません。たとえばハンバーグにはパン粉が使われています。カスタードクリームやカレールーにも小麦粉が使われています。ビールも麦類を原材料として使っているので、注意が必要です。食べる前に本当にその食品に小麦粉や麦類が使われていないか考えてから摂取してください。

1週間小麦粉や麦類を摂取しないで肌荒れが改善するようでしたら、あなたの問題はグルテンが原因です。

アメリカでは、グルテン不耐症の人でなくても、小麦粉は長年にわたり遺伝子操作を行ってきたために摂取してはいけない食品であるとの認識が高まり、グルテンフリーの食品が多く流通しています。

最近は日本でもグルテンフリーが注目されているおかげで、米粉を使ったパスタなどグルテンフリー食材は多くあります。

肌荒れ、不調がおさまらない方、今後はグルテンなしの生活を試してみてはいかがでしょうか？

Lesson

# 酸化が老化を促進させる

カットされたリンゴは空気に触れると茶色く変色します。これは金属がサビるのと同じように、リンゴに含まれる物質が酸素と結びついて起きる現象、つまり「酸化」です。

人間の体も同じく「酸化」、つまり老化へとつながる「サビ」が生じます。私たちは酸素を吸い、二酸化炭素を吐き出す呼吸をして生きています。私たちが生きていく上で酸素は欠かせません。しかし、その酸素が体にとって有害にもなるのです。酸素はもともと不安定な分子で、体内に入ると数パーセントが体の細胞に有害な活性酸素になります。本来ならば、体内に侵入したウイルス、細菌から私たちの体を守ってくれる活性酸素ですが、増えすぎると健康な細胞まで攻撃し、その結果体がサビてしまうのです。

## 主な抗酸化物質とそれらを含む食品

| | | |
|---|---|---|
| ビタミン | ビタミンE | かぼちゃ、ほうれん草、アーモンド |
| | ビタミンC | ブロッコリー、小松菜、かんきつ類 |
| | βカロテン | 緑黄色野菜 |
| フラボノイド | アントシアニン | 赤ワイン、ブルーベリー、黒豆 |
| | イソフラボン | 大豆（納豆、豆腐） |
| | カテキン | リンゴ、緑茶 |
| | ケルセチン | 玉ねぎ、レタス、ブロッコリー |
| | ルチン | そば |
| 非フラボノイド | クロロゲン酸 | コーヒー、なす |
| | エラグ酸 | イチゴ、ラズベリー、ザクロ |
| | セサミン | ゴマ |
| | クルクミン | ウコン、カレー粉、しょうが |
| カロテロイド | リコピン | トマト、スイカ |
| | ルテイン | ほうれん草、とうもろこし、ブロッコリー |
| | カプサイシン | 赤ピーマン、赤トウガラシ |
| | フコキサンチン | 海藻類 |

（日本栄養士会のホームページより）

活性酸素が増える原因として、紫外線、喫煙、ストレスやこれまでお伝えしてきた過度の運動、過度の飲酒、食品添加物、農薬・電磁波などが挙げられます。それらをできるだけ避けて生活していても、体内での活性酸素の発生を100％抑えることはできません。

そこで摂取したいのが、活性酸素から体を守ってくれる「抗酸化物質」です。これによって体のサビを防ぐことができ、美肌にもつながります。

抗酸化物質はビタミン類、植物が紫外線や害虫から身を守るためにつくり出す物質であるポリフェノール（フラボノイド、非フラボノイド）、カロテノイドに分けられます。どんな食べ物に抗酸化物質が含まれているのか、87ページの表を参考にしてください。

抗酸化物質をバランスよく摂取することで、体をサビつかせず、思わずふれたくなるような美肌を目指しましょう。

また、「水素」が体内で生じた活性酸素の除去にひと役買ってくれます。

活性酸素の中でも酸化力が強く、人間の細胞に対しとても攻撃的な「ヒドロキシラジカル」は、水素と結びつくと消滅します。水素水に関してはさまざまな意見や調査もありますが、水素がたくさん溶けた水や水素を発生するサプリメントを飲んだり、水素発生装置でつくられた水素を吸って体内に取り込むことによって、体内に発生した強い活性酸素を無毒化することができるとされているのです。

活性酸素を除去できると、お肌や体にはさまざまなメリットがあります。

- お肌は老化の速度が遅くなり、シワ、シミができにくくなる
- 血管内のコレステロールや中性脂肪が酸化された過酸化脂質が還元されるので、血液の循環がよくなり、脳梗塞や心筋梗塞が起こりにくくなる
- 血行がよくなると皮膚を構成するコラーゲンが活性化され、ハリのあるお肌を取り戻せる
- 代謝がよくなるので太りにくい体質になる
- 腸内に蓄積された老廃物が排出され、腸内環境が改善される

このように水素は副作用がなく、お肌と体によいことばかりなのです。

ところで水素水はさまざまな種類のものがコンビニエンスストアでも売られています。水素分子は非常に小さいため、ペットボトルに入っているものは水素が抜けてしまい、飲むときには水素がほとんど入っていない状態になっているものもあります。

私は水素を大量に体内に取り込めることができる水素サプリを愛飲しています。活性酸素は常時発生しているので、一度にたくさん飲むのではなく、こまめに回数を分けて飲んでいます。

運動時やストレスを感じたときは活性酸素が大量に発生するので、いつもの何倍かの量を飲んで体をサビさせないように気をつけています。

Lesson

# 美を遠ざける「糖化」の正体

「糖化」とは何でしょう？

体内のタンパク質と食事で摂取した「糖」が結びつき、タンパク質が劣化、老化促進物質であるＡＧＥｓという悪玉物質に変化することをいいます。

皮膚が糖化すると、コラーゲン線維の弾力が低下し、肌のハリがなくなり、シワやたるみが生じます。つまりお肌がどんどん老化するのです。糖化は皮膚だけではなく体全体に作用し、糖尿病、動脈硬化、白内障、脳老化によるアルツハイマーなど、怖い病気の原因にもなります。

しかし、私たちは炭水化物を体内で糖に分解してエネルギーとして生きているために、糖化は避けられません。健康な人が食事をすると食べ物が消化されてつくられた糖が腸管から吸収されて血液に入り、食後1時間後に血糖値がピークとなります。

その後2～3時間かけて食事前の血糖値に戻ります。少しでも糖化を進めないために、食後1時間の血糖値の急上昇をいかに防ぐかが大事です。

血糖値上昇スピードは、その食品ごとのGI値によって判断することができます。GI値とは糖の体への吸収されやすさをあらわす数値で、高いほど吸収されやすい食品です。白砂糖はGI値が高い食べ物で、血糖値を急上昇させ体の糖化を進めます。米や麦などは、精白されていない玄米や全粒粉がおすすめです。これらは食物繊維が豊富なのでGI値が低くなります。

食べる順番も血糖値の上がり方に影響を及ぼします。糖質の吸収を緩やかにする食物繊維を含んだ野菜、海草類を先に食べてから、糖質を含んだもの（米、パン、パスタ）を食べましょう。

よく噛んで食べることも血糖値の急激な上昇を防ぎます。また腹八分目で食事を終えることも大切です。

また、体内に入る前から糖化されている食物は避けるようにしましょう。おいしそうな焼き色は、食べ物に含まれるタンパク質と糖質が加熱され、糖化した色なのです。パンケーキの焼き色、トンカツの衣の色、ポテトチップスのおいしそうな色……どれも惹かれるかもしれませんが、それらは糖化している色です。

糖化した食品が体内に入ると、分解しきれずに残った糖化物質が腸から吸収され、全身に広がります。そして皮膚に作用してコラーゲンの変性、つまり線維が硬くなり、お肌のハリや弾力性が低下します。

よって食品の調理法でいちばんよいのは、先述した加熱しない・生で酵素をとり入れること。次に、焦げ目がつかない「蒸す」「ゆでる」「煮る」です。「焼く」「炒める」「揚げる」調理法では、糖化物質を体内に取り込むことになるということを認識しましょう。

糖化を進めないためには、「抗糖化作用」があるカモミールティー、甜茶、ドクダミ茶、柿の葉茶、クマザサ茶、グァバ茶などを飲み、しょうがやにんにくを積極的に摂取することをおすすめします。

Lesson

# オメガ3で体の細胞が元気になる

最近は健康志向から〝油〟についても注目されるようになりました。生命維持に必要なエネルギー源として、タンパク質、糖質、脂質があります。これらをバランスよく摂取することが大切です。脂質に関しては取りすぎると肥満や生活習慣病の原因になる悪い油と、人間の体をつくるために必要なよい油があります。

油は主な構成成分である脂肪酸の構造から、飽和脂肪酸と不飽和脂肪酸の2つにわかれます。よい油の代表は「オメガ3」です。

「オメガ3」とは不飽和脂肪酸の一種で、体の炎症を抑え、体の細胞の構築、脳の機能にとって重要な役割をはたします。

しかし、オメガ3は人間の体内ではつくることができない物質で、現代社会ではオメガ3を摂取することが少なくなったために、アレルギーや生活習慣病が激増したともいわれています。

オメガ3を毎日摂取すると、血管年齢が若くなり、皮膚が老化しにくくなります。またホルモンバランスが整い、美肌作用もあります。

オメガ3とは、「DHA（ドコサヘキサエン酸）」「EPA（エイコサペンタエン酸）」「DPA（ドコサペンタエン酸）」「αリノレン酸」の脂肪酸の総称で、イワシ、サバ、サンマ、アジなどの青魚や亜麻仁油《あまにゆ》、エゴマオイルなどに多く含まれています。これらを積極的に摂取し、いつまでも若々しい細胞を保ちたいですね。

青魚であれば1日1尾、油であれば1日大さじ1杯を目安にとりましょう。これらの油は熱に弱いので、生のままサラダにかけたり、できあがったお料理にかけて食べてください。酸化しやすいので冷蔵庫に保存して早めに使い切りましょう。

私は食前に、たっぷりの生野菜に亜麻仁油をかけて食べることを習慣にし始めてから、健康診断の血管年齢が20代になりました♪（本当の年齢はそれより20歳以上も上です）。

Lesson

# 美肌食はダイエット効果も抜群！

私は、美肌を研究するずっと前からダイエットについても研究しています。

中学2年生のころから、ありとあらゆるダイエットをしてきました。そしてたくさん失敗もしました。「パイナップルだけダイエット」を2週間して、口中口内炎だらけになったり、1カ月間、水だけの断食をして10キロ痩せたけれど、すぐにリバウンドをして12キロ太ったりとか……。

今までの30年間のダイエットでいちばん長続きし、効果があったのは、糖質制限ダイエットでした。ご飯やパンなどの炭水化物を食べないで、お肉その他はいくら食べてもよいというダイエットです。果物も糖分が多いと思い、食べても少しだけにしていました。しかし体の脂肪は取れましたが、お肌の調子はいまいちでした。肌荒れまではいかないけれど、何となくお肌がくすんでいる感じ。腸内環境が悪かったのは明白でした。

その後、美肌には酵素や腸内環境が大事だと知り、今までの糖質制限を少し変えました。

お肉は少量に。果物は食前に旬のものを適量食べてよい。通常の糖質ダイエットであればNGのお米は血糖値を上げすぎないくらいの少量を食べることにしたのです。

実は始める前までは太ってしまうのではないかと少しドキドキしましたが、結果として今までの糖質制限ダイエットをしているときより、もっと痩せることができました。そして、肌はツヤツヤ、体調もとってもよいし、朝の目覚めもすっきりするようになりました。


〈美肌ダイエットのポイント〉

✦朝は生野菜と果物だけ

✦昼、夜は生野菜を最初にたっぷり食べる。お肉や乳製品は少なめに、バランスのよい食事をよく嚙んでとり、腹八分目でやめる

✦生の食べ物と加熱した食べ物の比を5：5にする

✦寝る3時間前から何も食べない
✦砂糖を摂取しない。どうしても甘いものが食べたいときは手づくりで砂糖の代わりに、自然の甘味料の羅漢果《らかんか》顆粒、アガベシロップを使う。料理にも砂糖は使わない
✦ファストフード、コンビニ弁当、カップ麺やジャンクフードは食べない
✦トランス脂肪酸を摂取しない
✦市販のジュースは飲まない。良質な水をたくさん飲む
✦たまに3日間の生野菜と果物だけのプチ断食をする

これらを実行するだけで、今まででいちばんの美肌とスリムな体を手に入れることができました。

ちなみに果物についてですが、糖質が多く、血糖値を上げやすいと誤解されがちですが、良質な食物繊維が豊富なので、GI値は低めです。しかし、一気に大量に食べると血糖値が急上昇し、糖化を進めます。旬のものを適度にいただきましょう。

また、朝に食べないほうがいい果物や野菜があります。オレンジやレモンなどの柑橘類やパセリ、セロリといった野菜です。それらは「ソラレン」という物質を含み、紫外線の吸収を高め、お肌のシミや色素沈着の原因になってしまいます。

生野菜を食べると体が冷えるのでは？　という意見もありますが、工夫をすれば問題ありません。生野菜が体を冷やすというのは東洋医学の考えです。東洋医学では食べ物を「陽性」と「陰性」に分け、陽性のものは体を温め、陰性のものは体を冷やすとしています。生野菜は陰性なので体を冷やしますが、陽性の食べ物と一緒に食べれば体は冷えません。生野菜とともに陽性の根菜類でつくった味噌汁やしょうが汁を飲むとよいでしょう。

また冷え性に悩んでいる方は、生野菜を気にする前に、服装や飲み物、生活習慣を見直してみましょう。大きな動脈が皮膚表面に近い手首、足首、首元を露出しないように。また夏でもお腹を冷やさないように腹巻きが必需品です。

飲み物は温かいものだけ。水も常温より白湯にしましょう。運動をして熱をつくり出す筋肉をつけること、湯船にゆっくりつかることもおすすめです。

Lesson

# 良質な睡眠は美肌の必須条件

これまでお肌のお手入れ方法、美肌をつくる食べものなどをお伝えしてきましたが、良質な睡眠を取ることもお肌にとってとても大切なことです。

寝不足の次の日にお肌の調子がイマイチという経験は多くの人にあると思います。また、風邪をひいて体調が悪いのに、睡眠をたっぷり取ったあとお肌がいつもよりきれいということもあるでしょう。それは、長い睡眠によって、ダメージを受けていたお肌が修復されたからです。

特に眠り始めの約3時間は成長ホルモンの分泌が盛んになり、コラーゲンの生成が活発に行われます。化粧品、暴飲、暴食、紫外線などで傷ついた皮膚が成長ホルモンのおかげで再生されるのです。しかし皮膚の再生には6時間くらいかかるので、睡眠時間が短いと肌の修復がうまく行われません。

以前言われていた「肌のゴールデンタイム」という言葉を聞いたことがありますか？　夜10時から深夜2時までは、寝ているのがいいとされていました。その時間に寝ることで成長ホルモンが活発に分泌され美肌を保てるのです。

しかし、現代の私たちの生活では、なかなかその時間に眠るのは難しいでしょう。みなさんの生活に応じて就寝時間を決め、長さよりも良質で十分な睡眠を取ればよいと私は考えています。

では、どうしたら良質な睡眠を取れるのでしょう。それには、寝る環境を整えることが大切です。

良質な睡眠を取るための環境を整えるコツを簡単に挙げていきましょう。

- ✦アルコールは脳を活性化するので、寝酒はしない
- ✦寝る前3時間は何も食べない
- ✦カフェインを控える
- ✦寝る直前に入るお風呂の温度は40℃以下で
- ✦就寝1時間前は照明を暗く（眠りを促すメラトニンは暗くなると分泌量が増え、明

るい光はメラトニンの分泌を妨げるため）

✦自分に合った寝具で寝る。枕の高さ、ベッドの柔らかさは快適か？　下着の締めつけはないか？

✦寝る前の軽いストレッチやヨガ

もうひとつ私が就寝前にしているとっておきをご紹介します。「吐き切る深呼吸」です。

横隔膜を意識して、吐くときにお腹をへこませ、吸うときにお腹をふくらませる腹式呼吸は、副交感神経が優位になり、全身の緊張が取れ、気持ちがリラックスします。また吐くときに、肺の内の空気をすべて出し切るイメージで苦しくなるまで吐くと、吸うときに大量の酸素を取り込むことができます。その「吐き切る深呼吸」を3回ほど繰り返したらすぐにベッドに入ります。布団の中で仰向けで行ってもどちらでもかまいません。その状態で睡眠に入ると、体内や脳に酸素が十分供給され、組織の修復がされやすくなるので、翌日の朝スッキリと目覚めることができ、美肌につながります。気分もスッキリし、美肌につながる！　今日から取り入れてみてくださいね。

# Chapter 3

# 美肌のためにいいこと、悪いこと

Lesson

# お肌が喜ぶスキンケア、していますか？

「こんなに一生懸命洗っているのに、どうしてニキビが出てくるの？」

「話題のクリームを使っているのに、なぜお肌がこんなにガサガサ乾燥するの？」

この本を手に取った方の中には、そんな悩みを持つ方もいらっしゃるでしょう。

これまでお伝えしてきた洗顔やお手入れをしても、治らない肌荒れもあるかもしれません。そんな何をやっても治らない肌荒れにも必ず原因があります。

いちばんの原因は、あなたが体とお肌にいらないものを与えていることです。

それが「化学物質」や「添加物」。「多すぎる栄養」もお肌にはいらないものです。

私たちは、ものや情報のあふれた世界に生きています。雑誌やテレビ、インターネットでは、使えばすぐ美肌になると錯覚するような化粧品や、よだれが出てくるようなおいしそうな食品のコマーシャルで埋め尽くされています。

ものを生み出し販売する企業は、消費者の〝欲望〟を刺激し、販売経路を拡大して利益を生み出してきました。本当はがんを引き起こしたり、健康を害する可能性のある食べ物、肌荒れを起こす可能性がゼロではない化粧品を企業は売ってきたのです。企業がその害を知りながら販売していた商品や、害に気がつかずに販売し、あとから表面化した事例は多くあります。

化粧品に関して言うと、現在は化粧品に配合する有効成分を超微粒子にして、お肌の中に入れ込もうとする技術が進み、お肌本来のバリア機能を無視した化粧品が主流になっています。


自らの健康を守るためにも、肌荒れから脱却するためにも、摂取するものは自分で判断していかなくてはいけません。

判断基準は、「体とお肌が喜ぶかどうか」です。それを正確に判断するためには、体の基本的な働きを理解する必要があります。

情報に振り回されて、正しい判断ができない原因は、この基本的なことを理解していないためです。

お肌のきれいな人は自分のお肌を知り、自分の肌によいものを取り入れ、悪いものを入れないようにしています。

皮膚の大切な役割を理解して、美肌にいちばん大切な「素肌力」を知っていれば、年齢を重ねてもきれいなお肌でいることは可能なのです。

Lesson

# 化粧品には有害物質がいっぱい

市販されている多くの化粧品には、合成界面活性剤、防腐剤、着色料、香料、合成ポリマーなど、さまざまな化学物質が配合されています。

それらを化粧品に配合してもいいか、またどれくらい配合してもよいかの基準値は厚生労働省が定めています。「基準値」が決まっている理由は、量が多いと体に悪影響を及ぼすからです。

2001年4月から、化粧品に使われている原材料すべての成分を表示することが義務づけられました。

しかし、化粧品のラベルに並んでいるカタカナを見たところで、何が何だかわからないので、成分を本当に理解して購入される方はとても少ないと思います。

「一流メーカーがつくっているのだから大丈夫」

「誰もが使っているものだから、変なものであるはずがない」

そう信じて、有害な化学物質をお肌に塗り込んでいるのです。

そもそもなぜ、化粧品にはたくさんの化学物質が配合されているのでしょうか？

理由は大きく分けて3つあります。
(1) 使い勝手をよくする
(2) 腐らないように長持ちさせる
(3) 安価に大量生産する
突き詰めると、「化粧は簡単に済ませたい」「取り扱いがラクなのがいい」「長持ちする化粧品がいい」という消費者の要求と企業の利益が一致し、有害な化粧品が製造されてきたのです。

「ひどいものを売っている！」と怒るのは簡単ですが、その責任は私たちにもあります。

私たちみんなが化粧品の真実を知って、賢くならなければ、これからも有害な化粧品が蔓延《まんえん》する一方でしょう。

Lesson

# きれいな肌はどうやって生まれる？

スキンケアが大事、乾燥を防ぐのもスキンケアから……などとよく言われますね。雑誌などでもおすすめのスキンケア特集が組まれているのをよく目にします。

私たちは化粧品を使ってスキンケアをすることで、お肌がきれいになると信じています。

それが高額なクリームや美容液であれば絶対の信頼を寄せている方も多いかもしれません。しかし、市販の化粧品の多くにはお肌に有害な成分が配合されています。

では、化粧品の何が問題かを知るために、まずは皮膚の構造を知りましょう。

次ページのイラストを見ていただくとわかるように、皮膚は表皮、真皮、皮下組織の3つの層からできています。

お肌の美しさにかかわるいちばん外側の表皮をさらに分類すると、「角質層」と「角質以下の表皮」に分けられます。

「角質層」はとても重要な役割を担います。外部からの異物や化学物質の侵入を防ぎ、皮膚の水分の蒸発を防ぐ最強のバリア機能を持つのが、表皮の最も表面にある角質層だからです。

角質層はよく「レンガ」と、接着に使う「モルタル」にたとえられ、とても頑丈な構造になっています。レンガの部分が角質細胞で、お肌を保湿する天然保湿因子を生み出します。すき間のモルタル部分が細胞間脂質といい、主成分が脂溶性の保湿因子であるセラミドで、お肌の保湿に重要な役割を担っています。ここを電子顕微鏡で見てみると、水と油が交互に幾重にも重なっており、非常に強固な壁をつくっています。

また、皮膚の表面は汗腺から出た汗と、毛穴から出た皮脂が混ざり合ってできた天然のクリームである皮脂膜で覆われています。

この膜が皮膚の水分の蒸発を防ぎ、外界の刺激から皮膚表面を守っているのです。

## ●肌の断面図イメージ

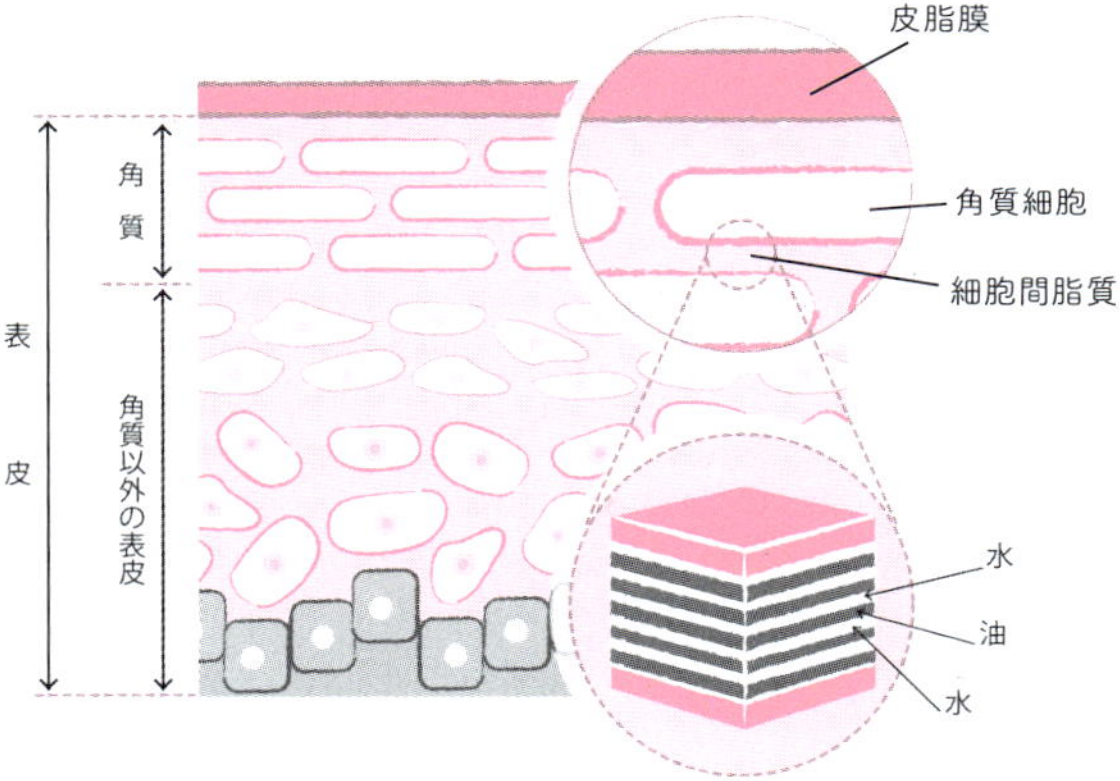


## ●皮膚の表面

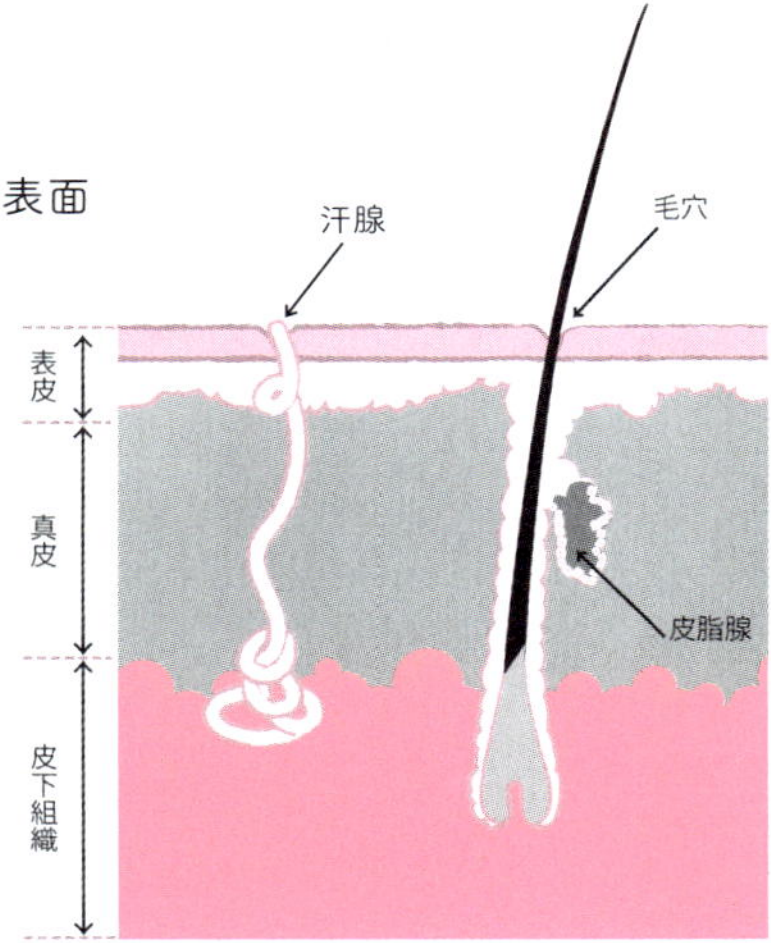

Lesson

# 肌本来の力を引き出すスキンケアとは？

皮膚の大切な仕事は、異物や化学物質が外側から入ってこないようにすること。また、体内の水分の蒸発を防ぎ、皮膚の潤いを保つことです。

そのため皮膚、特に角質層は非常に強固なバリア機能を持っています。

油性で分子量がもともと小さい物質は皮膚に入り込むことができます。皮膚科で処方される軟膏やシール状で皮膚に貼る薬はそういったものが使われています。

しかし多くの女性は、分子量が大きいもの、または水溶性の成分がお肌に入り込むように一生懸命スキンケアしています。

本来、外界からの異物や化学物質を侵入させないしっかりした構造をしている皮膚に、化粧品は入り込めないはずです。しかし皮膚本来の強固なバリア機能を破る方法があります。それが「合成界面活性剤」なのです。

現在の化粧品は、有効成分といわれる物質を皮膚の深いところに届けるために、意図的に合成界面活性剤が配合されているのです。

下図のように、合成界面活性剤によってレンガとモルタルの構造が崩れると、化粧品の有効成分だけでなく、有害成分も簡単に侵入できるようになります。そして皮膚の水分の蒸発が促進され、乾燥肌が進んでしまいます。

肌本来の力を考えれば、お肌に何かを入れ込むなど言語道断なのです。

肌を壊して有効成分を入れる、「何かが間違っている」と思わずにいられません。

健康な角質層

合成界面活性剤で構造が崩れた角質層

Lesson

# 化粧品に入っている防腐剤がニキビの原因になる

多くの人が使っている基礎化粧品も、ほとんどがお肌に悪いものです。

たとえば、化粧水の主成分は水ですが、常温で放置した水は日が経つほど劣化が進み、飲めなくなります。

では、なぜ化粧水は開封したあとも何ヵ月〜何年間腐らないのでしょうか?

それは水に防腐剤が添加されているからです。

化粧品が腐るのは、細菌やカビが繁殖するためです。これらの微生物を殺し、活動を抑制する防腐剤は、人の細胞にもマイナスの働きをします。

「化粧品に添加される防腐剤は厚生労働省が認めているものだから大丈夫でしょう?」と思っている方、とんでもないことです。

厚労省が認めている防腐剤の中には、毒性や発がん性を認められるものもあり、添加量が制限されています。しかし、添加する数には制限がありません。毒性が少しだけの防腐剤でも、何種類も合わさると毒性が強くなります。

健康な皮膚にはよい菌（常在菌）がたくさん住んでいて、常在菌は皮膚表面を弱酸性に保ち、他の雑菌やカビからお肌を守る大切な働きをしてくれています。

防腐剤が入った化粧品をお顔に塗ると、大切な常在菌が死んで数が少なくなってしまいます。

そうすると、今まで常在菌のおかげで抑えられていた悪い菌やカビが繁殖してしまい、肌荒れが生じるのです。

そしてニキビの原因になるアクネ菌が増えすぎて、ニキビが増えます。

さらに水虫や他のカビ疾患が顔に発生する原因にもなるのです。

Lesson

# お金も手間もかからない「手づくり化粧水」のすすめ

本当に安全な食事は自分でつくるのがいいように、化粧品も本当にお肌によいものは自分でつくるのがいちばんです。化粧水であれば、自分で簡単につくれてしまいます。

化粧水に必要なものは、基本的に水とグリセリンのみです。グリセリンはお肌の深いところまで浸透して、保湿する力がある無害な物質です。また、お肌の表面で皮膚常在菌がつくり出す保湿成分でもあります。

化粧水は水にグリセリンを溶くだけでできあがります。お肌は弱酸性で健康が保たれるので、クエン酸を加えて弱酸性にするとなおよしです。

健康なお肌の人は、石けん洗顔でお肌がアルカリ性に傾いても、すぐに弱酸性に戻る力がありますが、お肌の構造が壊されている人、今まで使っていた化粧品がよくなくて肌が荒れてしまっている人は、弱酸性に戻るまで時間がかかります。
そんな方は、クエン酸を加える必要があるのです。
具体的なつくり方をお話しします。

✦ネットやホームセンターで100mlが入るガラス瓶を購入する
✦薬局でグリセリンとクエン酸を購入する

①ガラス瓶を煮沸消毒する
②浄水器を通した水道水100mlをガラス瓶に入れる。次に耳かき1杯分のクエン酸、グリセリンを小さじ2分の1〜小さじ2杯投入する（使ってみてご自分の肌に合う濃度を決めてください）
③フタをして混ぜるとでき上がり

このように化粧水はとっても簡単に、安くつくれてしまうのです。ただし、でき上がった化粧水は、1週間以内に使い切りましょう。残っても捨てて新しいものにつくり替えてください。日数が経ち雑菌が繁殖した化粧水はお肌トラブルの元になります。

通常、手づくり化粧水には精製水を使うことが多いです。精製水は、通常500mlで売られています。化粧水をつくり終えた残りの精製水は冷蔵庫で保管して、次のときに使いたくなりますよね。しかし、一度開封した精製水は、保管している間に雑菌が繁殖してしまうので新しく化粧水をつくるのには使えません。それではもったいないですから、浄水器を通した水道水を使うことをおすすめします。

浄水器を通したほうがよいのは、水道水に含まれる塩素やその他の有毒物質がお肌の負担になるからです。浄水してアルカリイオン水にならない普通の浄水器をお使いください。

ペットボトルの水は開けたばかりのものであればOKです。

水とグリセリンとクエン酸だけでは保湿力が足りないと感じる方は、ヒアルロン酸ナトリウム（Na）の粉を1g（1％）加えてみましょう。ヒアルロン酸は皮膚を構成する物質のひとつです。

ヒアルロン酸の役割は、お肌の表面にとどまって、水分の蒸発を防いでくれること

## 手づくり化粧水のつくり方

用意するもの

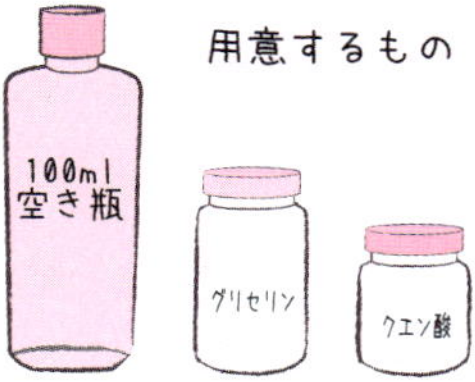

① ガラス瓶を煮沸消毒する

② 浄水器を通した水100ml、クエン酸（耳かき１杯分）、グリセリン（小さじ1／2～２杯）入れる

③ フタをしてしっかり混ぜる

④ 完成！

です。グリセリンと一緒に使うと保湿力がアップすることが証明されています。しかし、化粧水に加えたからといって皮膚に吸収されてお肌がプルプルになるわけではありません。

液体のヒアルロン酸は防腐剤が添加されていますので、必ずヒアルロン酸ナトリウム（Na）の粉状のものを購入してください。

ヒアルロン酸ナトリウム（Na）は薬局では売っていません。インターネットの手づくり化粧品を扱うサイトなどで手に入れることができます。

Lesson

# 乳液、保湿クリーム、アイクリームがお肌を乾燥させる

保湿するための乳液、保湿クリーム、アイクリームなども合成界面活性剤を含みます。合成界面活性剤は洗浄剤としてだけではなく、乳化剤としても使われます。

乳化とは、もともと混ざらない2つの物質である水溶性と油性のものを混ぜ合わせて、乳液やクリーム状にする働きをいいます。

たいていの乳液やクリームには合成界面活性剤が入っています。毎日のお手入れで乳液やクリームを使うことによって、合成界面活性剤をお肌にすり込んでいるのです。

もうおわかりの通り、保湿のために塗る乳液やクリームが皮膚の構造を壊して、お肌を乾燥させているのです。

特に目のまわりの皮膚は薄くて敏感です。小ジワが減るのを期待してアイクリームをせっせと塗っていると、皮膚のダメージが蓄積されてシワやシミが増えていきます。

乳液やクリームを塗ったらツルツルしてきれいになる感覚がしますね。それは合成ポリマーが配合されているからです。残念ながらニセモノのツヤなのです。

では、どのようにケアをすればいいのでしょうか？

お顔全体や目元の乾燥、小ジワが気になる方は、合成界面活性剤入りの化粧品をすべてやめるだけですぐに状態がよくなります。

信じられないかもしれませんが、ためしてみてください。もちろんこれまでどのような化粧品を使ってきたか、またお肌の状態によっても効果を実感できる時間は異なりますが、これまで使っていたアイクリームなども必要なくなりますよ。

Lesson

# しっとりお肌に〝オイル〟は不可欠！

化粧水をつけ、肌を整えたあとは、オイルで保湿しましょう。手づくり化粧水をつけたあと、手とお顔に水分がまだ残っている状態でオイルを1～数滴なじませると保湿力が上がります。

保湿するためのオイルとしてよいものは、20ページで紹介したクレンジングとして使うオイルとほとんど一緒です。

乾燥が気になる方はオリーブオイルや椿オイル。脂性、ニキビ肌の方はセサミオイル、ホホバオイル。誰にでも使いやすいのがスクワランオイルです。

マカダミアナッツ油、ヘーゼルナッツ油、ローズヒップ油、月見草油、ククイナッツ油、馬油などが少し特殊なオイルです。これらにはお肌に有効とされる成分が含まれています。

19ページのクレンジングの項でお話ししましたが、オイルは脂肪酸とグリセリンからできており、何の脂肪酸がどれくらいの割合で含まれているかでオイルの性質が決まります。

パルミトレイン酸という脂肪酸を多く含むオイルは皮膚の再生を助ける力があり、マカダミアナッツ油、ヘーゼルナッツ油、馬油に多く含まれます。

リノレン酸を多く含むオイルは、皮膚の炎症を抑えてくれて、ククイナッツ油、月見草油、ローズヒップ油、馬油に多く含まれます。

月見草油とローズヒップ油は酸化しやすいので、開封したら早く使い切る必要があります。

オイルは植物や動物から抽出されるものなので、体質によって、アレルギーを起こす可能性があります。ご自分で使ってみて、お肌に合うものを選びましょう。不安な方には、アレルギーを起こす可能性が低いスクワランオイルをおすすめします。

オイルは基本的には潤いを与えるものですが、つけすぎると乾燥することもあります。お肌の状態を見ながらつけるようにしましょう。

Lesson

# はっとする美肌をつくる毎日のお手入れ法

市販されている化粧品には使い勝手をよくする成分が入っていますが、手づくり化粧品にはそれらの成分が入っていません。通常の化粧品を使うより手間がかかりますが、その手間は、お肌をいたわる大事な時間と思えば楽しくつくれるのではないでしょうか。そして手づくり化粧品ができたらお手入れも大事です。次に私も実践しているお手入れ方法を紹介します。

## 美肌をつくる毎日のお手入れ法

①ご自分のお肌に合ったオイルでやさしくクレンジングをする。クレンジングの方法は乾いた手の平にオイルをたっぷり取ります。手の平で顔を包むようにして軽

く押さえながら1〜2分おきます。しっかりオイルがなじんだら、小鼻や額など気になる箇所をやさしくクルクルと円を描くように回します。アイメイクも同様にやさしくなでるようにしましょう

②保湿成分が配合されていないティッシュを数枚お顔に載せて、やさしくオイルを取り除く（ティッシュに配合される保湿成分には肌によくないものが配合されている場合があります）

③お肌にやさしい無添加石けんをたっぷり泡立てて、ふんわり洗う

④冷たく感じる程度のぬるま湯（20〜25℃）で洗い流す

⑤キッチンペーパーかティッシュで水分を拭き取る。タオルに残った洗剤や柔軟剤にも肌によくない成分が含まれるので、肌荒れを起こす可能性がある

⑥手づくりの化粧水をお顔になじませる。バチバチたたいたり、塗り込んだりせず、ゆっくり1カ所あたり10秒ほど数えて、手でお顔を包み込むイメージでなじませる。このときの手の平のぬくもりが、お肌によい影響を与える

⑦保湿オイルとして選んだオイルを、まだ水滴が残っている手の平に広げる。1カ所あたり10秒ほど数えながらお顔を包む感じで、水分がなくなるまでなじませる

① 自分に合ったオイルでクレンジング

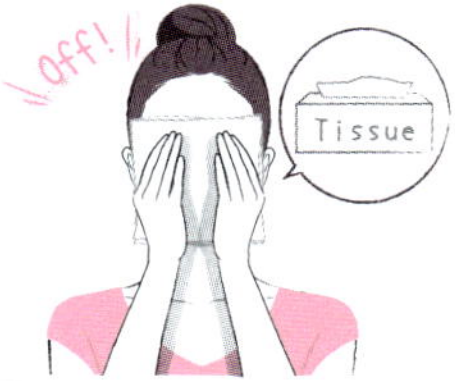


② ティッシュを数枚顔にのせ、やさしくオイルを取りのぞく

③ 無添加石けんを泡立てて、ふんわり洗う

④ 20 ～ 25℃のぬるま湯で洗い流す

⑤ キッチンペーパーかティッシュで水分をふき取る

⑥⑦ 手づくりまたは添加物のない化粧水を顔になじませ、その後保湿オイルでうるおす

Lesson

# 美肌になりたいなら紫外線はNG！

天気がいい日は気分もよかったり、あたたかくて行動しやすかったりといいことはたくさんありますが、一方で紫外線はお肌にとっては有害な光です。

お肌に影響を与える紫外線にはUVA（紫外線A波）とUVB（紫外線B波）があります。

UVAは皮膚の深い真皮層まで到達しコラーゲンを変性させるため、深いシワの原因になります。

また皮膚の色が黒くなる日焼けはこのUVAの働きです。窓ガラスも通すので、屋内にいてもUVAの影響を受けます。

UVBは皮膚が真っ赤になって炎症を起こす日焼けの原因になります。エネルギーが強く、皮膚の細胞にダメージを与えるため、皮膚がんやシミの原因になります。

紫外線は以下のような害をお肌に与えます。

- ✦皮膚のコラーゲンやコラーゲンの線維を支えるエラスチンを変性させるので、シワになる
- ✦害がある紫外線から皮膚を守ろうとメラニン色素が働き、シミをつくる
- ✦角質層がダメージを受け、保湿能力が低下し、乾燥肌、敏感肌になる
- ✦オトナニキビができやすくなり、さらに紫外線にあたると活性酸素と過酸化脂質が発生、ニキビが悪化する
- ✦紫外線により皮膚細胞の遺伝子が傷つけられ、皮膚がんのリスクが高くなる
- ✦紫外線により皮膚の免疫をつかさどる「ランゲルハンス細胞」が働かなくなり、ウイルスや細菌、アレルギー物質への抵抗が弱くなる。また全身の免疫も弱くなり、疲れやすく風邪をひきやすくなる

私はもう何十年もしていませんが、日焼けしたときのことを思い浮かべてください。海に行って日焼けをすると真っ赤に腫れ上がったり、ヒリヒリしたりします。これは、

皮膚に強い炎症が起こっている症状です。UVBによって遺伝子は傷つけられ、皮膚がんを引き起こすかもしれません。

また、一度日焼けをすると、数日間、何となく疲れている感じがしませんか？ これは体の免疫力が低下しているのです。その後数日して皮膚は黒くなり、ゴワゴワして数日すると皮がむけてきます。角質層がダメージを受け、皮膚の水分量が著しく低下しているのです。ニキビがある方は、炎症がさらにひどくなっているはずです。しばらくして全体の皮膚の色が戻ったとしても細かいシミが残り、シワも増えています。

若いころは皮膚の回復力が強いので、日焼けをしても目に見える問題は残りませんが、年齢を重ねるにつれて、シミ、シワなどに直接結びつきます。また、若いころから浴びてきた紫外線の蓄積が、のちのちのシミやシワの数にかかわってきます。

注意したいのは、紫外線は晴れの日だけではなく、曇り空でも雨の日でも降り注いでいるということ。曇りの日は晴れの日の半分、雨の日は3分の1の紫外線量があります。

お肌に悪い紫外線を避けるためには、まず毎日日焼け止めを塗ることを最初に考えるかもしれませんが、私は日焼け止めを使うことはおすすめしません。

日焼け止めの原料には2種類あり、紫外線吸収剤と紫外線散乱剤に分類されます。

紫外線吸収剤とは、紫外線を吸収し、それを別のエネルギーに変えることで肌への侵入を防ぐものです。成分表示に「オキシベンゾン」や「メトキシケイヒ酸エチルヘキシル」などの化学物質の記載があれば、それは紫外線吸収剤です。

紫外線吸収剤は紫外線を防止する力が散乱剤よりはるかに高く、肌に塗った際に白くならないのが特徴です。ただ、紫外線を浴び続けると効果が弱くなるため、塗り直しが必要になります。そして何より紫外線吸収剤には皮膚毒性があり、厚労省により配合量が決められています。

この紫外線吸収剤よりマシなのは紫外線散乱剤です。ノンケミカルといわれる日焼け止めです。紫外線散乱剤は、「酸化チタン」や「酸化亜鉛」を配合し、肌の表面で紫外線を散乱させてブロックするものです。

最近の紫外線散乱剤には、紫外線防御効果を高めるため、また肌に塗った際の透明感を高めるために超微粒子化（ナノ化）した粉末が使用されています。その超微粒子の粉末は皮膚のバリア機能をかいくぐって、皮膚の奥深くまで入り込みます。

散乱剤自体が紫外線を浴びると、肌に有害な活性酸素を発生させ、お肌のトラブルを起こします。また、市販されている日焼け止めには紫外線吸収剤、散乱剤どちらにも乳化剤として合成界面活性剤が配合されています。紫外線を防ぐために日焼け止めを塗ると、紫外線防止のための化学物質と、合成界面活性剤の両方で皮膚の構造が破壊されるのです。

ただ、紫外線はお肌には有害ですが、骨を丈夫にするためには紫外線にあたって、体内にビタミンDをつくり出す必要があります。それは1日5〜10分ほど、手の平に太陽をあてれば済みます。手の平はシミやシワがつくられにくいので、安心してできますね。

また、太陽にあたると気持ちが落ち着くとか、うつ傾向が改善する方もいらっしゃいます。そんな方は、お肌よりも、まずは心の健康を大切に考えてください。美肌には心が健康であることが大切ですから。

132

最近は飲むタイプの日焼け止めもありますが、それを活用するのもよいでしょう。しかしそれらは自然界に存在する抗酸化作用を利用したものです。酸化のページで述べたポリフェノールやカロテノイドを含む食品を食べるのと同じことです。ただし、それらは日光にあたって発生する活性酸素から身を守って、お肌にシミやシワがつくられるのを軽減するだけなので予備的な位置づけと考えましょう。

メインはやはり直射日光にあたらないことと肝に銘じましょう。

では、紫外線を避けるためにはどうすればいいのでしょうか?

日焼け止めを塗る代わりに帽子をかぶり、日傘を差しましょう。

地面からの反射もあるので、UVカットのマスクも必要です。目から紫外線が入ると、メラニン色素が活動化してシミをつくりやすくなるので、サングラスも必要です。腕にはUVカットのアームカバーをしてください。その格好で街を歩くととっても恥ずかしいかもしれませんが、私はそれで歩いています。家族は20歩離れます(笑)。

そのスタイルがスタンダードになれば、誰も恥ずかしいと思わなくなるのにな〜。そんな日が来るのを願っています!

Lesson

# 肌への負担が大きいリキッドより パウダーファンデーションを使う

化粧水などの基礎化粧品をお肌によいものに変えてもファンデーションは気にしていない方も多いです。しかし、これらにもまた有害物質が多く含まれています。

ファンデーションは大きく分けて2種類あります。

リキッドファンデーション（液体）とパウダーファンデーション（粉）です。

市販されているリキッドファンデーションには必ず合成界面活性剤が配合されているので、皮膚への害はいうまでもありませんね。

リキッドにもパウダーファンデーションにも紫外線散乱剤である酸化チタン、酸化亜鉛が配合されています。

前述したように、酸化チタン、酸化亜鉛は紫外線にあたると活性酸素が発生します。

その粒子が小さければ小さいほど活性が高まります。

超微粒子化（ナノ化）した粉末は皮膚のバリア機能をかいくぐって皮膚の奥深くまで入り込み、肌トラブルを起こします。

人気のミネラルファンデーションは、この超微粒子粉末を使用しているため、紫外線カット効果が高いのですが、お肌には大きな負担がかかります。

ではどのようなファンデーションを使えばお肌の負担にならないのでしょう。

まず、リキッド状（クリーム状も含む）のファンデーションには必ず合成界面活性剤が入っているので除外し、パウダー状のファンデーションをお使いください。

パウダーの中でも使ってよいファンデーションは「コーティングされた」「ナノ化していない」パウダーファンデーションです。

中でも紫外線にあたると活性酸素が発生する酸化亜鉛、酸化チタンがコーティングされて皮膚に直接あたらない構造だと、お肌に負担はかかりません。そして粒子がナノ化されていなければ、薄づきでカバー力は弱いファンデーションにはなりますが、細胞皮膚の間隙に入り込まずお肌トラブルを起こしません。

後述しますが、金属アレルギーの方はファンデーションに含まれる紫外線散乱剤やその他金属由来の成分でお肌トラブルが生じます。そのような方はファンデーションに含まれる金属由来粒子のすべてがコーティングされたパウダーファンデーションをお使いください。

世の中に出回っているファンデーションのほとんどは粒子がコーティングされていません。探すのが大変な方は、私が開発したパウダーファンデーションをお使いくださいね。日常生活程度の紫外線を防ぐ効果もあります。

Lesson

# 唇荒れの原因、口紅の添加物から唇を守る簡単な方法

唇の荒れに悩んでいる方も多いのではないでしょうか？

唇は皮膚が薄いうえに脂を分泌する皮脂腺が小さいため、潤いを保つのが難しい部分です。唇を荒らす一番の原因は口紅です。

口紅には皮膚によくない成分がたくさん配合されています。口紅の鮮やかな色にはタール色素が使われています。

タール色素とは赤色〇〇号、黄色〇〇号と表記される自然界にはまったく存在しない化学物質です。実は食品添加物に許されていない、たくさんの色素が化粧品では許可されています。また海外では許可されていない色素も日本では許可されているのです。

タール色素は体内で分解されにくい化学物質であるために、ホルモンや免疫システムを乱す可能性が指摘されており、アレルギー、発がん性、催奇形性が報告されています。

口紅をなめてしまうと、少量とはいえ毒物が体内に直接入ることになります。また口紅には色むらをなくすために合成界面活性剤や染料の溶解剤も配合されています。これらの化学物質が合わさって、より毒性が強くなり、唇を荒らすのです。

では、唇を荒れさせないためにどうしたらよいのでしょう。

通常の口紅だけでなくリップクリームにも有害物質を含むものが多いので使わない。手っ取り早いのは、口紅やリップの代わりにワセリンを塗るのがおすすめです。

ワセリンは皮膚の表面を覆って水分の蒸発を防ぐ役割をします。皮膚に浸透しないので悪さをしません。

ワセリンは、薬局で売っている純度の高い「白色ワセリン」「プロペト」「サンホワイト」がよいです。

他のものは不純物が多かったり、添加物が配合されたりしています。

どうしてもワセリンじゃイヤ！　唇に色がほしい！　という方は、私が開発した化粧品のシリーズに有害な化学物質は一切配合されていないリップクリーム、リップグロス、口紅がありますので是非おためしください。

見逃しがちですが、唇を荒らす、もうひとつの原因が歯磨き粉です。

歯磨き粉にはシャンプーに含まれるのと同じ強い合成界面活性剤が配合されています。

歯を磨いたあとに食べ物がおいしくなく感じるのは、舌にある味雷という味を感じ取る器官が合成界面活性剤によって壊されているからです。

そのような毒性物質を歯磨きの度に唇に接触させていたら、唇が荒れるのは当然ですよね。

歯磨きには歯磨き粉は必要ありません。歯ブラシに天然塩をつけてブラッシングしましょう。歯茎も引き締まって歯槽膿漏の予防にもなります。

また、癖で唇をなめたり、皮を剝いたりする行為は唇の荒れにつながります。

唇が乾燥するとついなめたくなりますが、なめると唾液が蒸発するときに唇の水分まで一緒に蒸発し、乾燥が強くなります。

唇の新陳代謝は早く、唇の皮膚ダメージを受けてもすぐ新しい細胞がつくられるので、いらなくなった組織が剝けてきます。

しかし剝けてきたからといって、はがしてしまうと、まだ剝がれる準備ができていないくっついていた部分を無理やりはがすことになります。

その部分に炎症が起き、また皮が剝けてきます。それを繰り返すとずっと皮がめくれている状態になるのです。

唇の荒れに悩んでいる方は、「皮を剝きたい！」という衝動を抑えて、ワセリンで保護してあげましょう。

Lesson

# オーガニック化粧品がいいとは限らない

「オーガニック化粧品」は天然成分でできた、お肌にやさしい化粧品のイメージですよね。

「オーガニック化粧品」とは「農薬、化学肥料などの化学薬品を使わずに、昔ながらの有機栽培で育てた植物から得られる原料が入っている化粧品」です。

世界にはオーガニックの品質を保証する認証団体があり、その団体に認められた原料を使っていれば「正式認定のオーガニック化粧品」と称することができます。

では、オーガニックの団体に認められれば本当にお肌にやさしい化粧品になるのでしょうか？

実際は、原材料の何割かにオーガニックの植物を使っているだけで、残りはお肌トラブルの元になる合成界面活性剤や防腐剤の他、さまざまな物質が配合されていることが多いのです。

そもそも、オーガニックの植物は本当にお肌にやさしいのでしょうか？

自然界に存在している植物には、薬の原料になるものもあれば毒になるものもあります。人によってはアレルギーを起こすかもしれません。

植物だからお肌にやさしいとは限らないのです。

また植物エキスを化粧品に配合する抽出段階で、お肌に負担のかかる薬剤を使うことも多く、化粧品には薬剤をそのまま混入することになります。

もちろんより自然な化粧品を、と開発を進めている企業もありますが、オーガニック化粧品は、必ずしもお肌にやさしいわけではありません。

Lesson

# たくさんの有害な「無添加化粧品」

「無添加化粧品」と聞くと、「お肌に負担がかかる成分がまったく配合されていない化粧品」と思う方が多いと思います。

私がまさにそうでした。あるとき、それはまったくの間違いであると気がついたのです。

世に出回る無添加化粧品を調べてみると大きく2つに分類されます。

（1）旧指定成分を添加していない化粧品

（2）限られたひとつか2つの化学物質を除いてあり、その物質が無添加と謳っている化粧品化粧品に含まれる化学物質の中で、旧厚生省が指定したアレルギー・皮膚障害・がんを引き起こす可能性の高い毒性が確認された102の成分を「指定成分」と呼びます。以前は化粧品にこれらの成分を配合する際には表記が義務づけられていました。2001年4月以降はすべての成分の名前が表示されることになったため、現在それらは「旧指定成分」と呼ばれています。

旧指定成分が無添加であれば、他のどんな有害な化学物質が入っていようが、（1）の無添加化粧品になります。

一方（2）は、何かひとつ○○物質が無配合で、容器のどこかに「○○が無添加です」と記載してあります。

実際は旧指定成分を含め、他の有害な物質が配合されています。

最も多いのは「パラベン」という物質が無添加なだけで、無添加化粧品と謳われているものです。

パラベンはアレルギーを起こす可能性があり、配合する量が制限されている旧指定成分に分類される防腐剤です。パラベンが無添加でも、他の防腐剤であるフェノキシエタノールなどが添加されていたりします（フェノキシエタノールも有害な物質です）。

そもそも厚労省は、無添加化粧品の基準を設けていません。企業が勝手に無添加化粧品と言っているだけなのです。

「無添加化粧品」と謳うと、「お肌にやさしい」と勝手に消費者がイメージして購入してくれるので、怪しい無添加化粧品が世にあふれているのです。

ちなみにテレビコマーシャルが流されている有名な無添加化粧品は、旧指定成分は無添加ですが、他の有害成分はたっぷり配合されています。

知らないうちに有害な無添加化粧品を使っている人は、多くいるかもしれません。

あなたが今使っている化粧品にはどんなものが入っているのでしょうか？

すべてをまとめることはできませんが、注意したい成分を次ページにまとめますので、参考にしてくださいね。

## 化粧品の注意したい添加物一覧

### 合成界面活性剤

合成界面活性剤は何百種類もあるので見分けが難しいです。
ここではだいたいの見分け方を表示します。
すべてがそうとは限りません。

～名前が続く／○数字が入る

ラウリル～
ラウレス～
ラウロイル～
ココイル～
ココアンホ～
コカミド～
ラウラミド～
ステアレス○
ポリオキシエチレン～
パレス～
オレス～
オレフィン（　）スルホン酸Na
ポリソルベート○
ステアロイル～
水添レシチン

スルホコハク酸
ラウリン酸
オレイン酸
カプリル酸
ミリスチン酸
パルミチン酸
ステアリン酸
イソステアリン酸
トリイソステアリン酸
ヤシ油脂肪酸

のあとに

PEG～
グリセリル
ソルビタン
ポリグリセリル○
スクロース
ステアレス○
セテス○
ラウレス○

ベヘントリモニウムクロリド
ステアリルトリモニウムクロリド
ジステアリルジモニウムクロリド
ベヘナミドプロピルジメチルアミン
ステアラミドプロピルジメチルアミン
クオタニウム○

| | |
|---|---|
| PEG～<br>PPG～ | とつくのは、合成界面活性剤か合成ポリマー |

## 防腐剤、酸化防止剤、PH調整剤

～パラベン
フェノキシエタノール
安息香酸～
トリクロサン
イソペンチルジオール
サリチル酸～
エデト酸塩
デヒドロ酢酸ナトリウム
ウンデシレン酸～
ソルビン酸～
BHT、BHA
EDTA
トリエタノールアミン(TEA)

## 紫外線吸収剤

オキシベンゾン－〇
～ＰＡＢＡ
メトキシケイヒ酸エチルヘキシル
ホモサレート
ジエチルアミノヒドロキシベンゾイル安息香酸ヘキシル
エチルヘキシルトリアゾン
ビスエチルヘキシルオキシフェノールメトキシフェニルトリアジン
オクトクレリン

## 基剤

配合された有効成分の吸収をよくしたり、
形を整えるために使われます。

エタノール
ＰＧ
ＤＰＧ
ＢＧ
ペンチレングリコール
ヘキサンジオール
プロパンジオール
カプリリルグリコール
ラノリン
セタノール
セテアリルアルコール

## 合成ポリマー

〜メチコン
シクロペンタシロキサン
〜シロキサン
ポリビニル〜
ポリメタクリル酸〜
〜ポリマー
カルボマー

## タール色素

赤色〇号
青色〇号
黄色〇号

Lesson

# 肌トラブルの原因になる美肌成分

私は20年間肌トラブルに悩み、無添加やオーガニックと謳われている化粧品を中心に、いろいろな化粧品をためしては悪化することを繰り返しました。あるときそれらの肌によさそうな化粧品にも有害な化学物質が配合されていることに気がつき、手づくり化粧水と天然オイルでスキンケアを始めたことで本来の肌を取り戻すことができました。

それをお肌に悩みを抱える患者さん方にお分けしたところ、みなさんもお肌トラブルを改善することができました。しかし手づくり化粧水には防腐剤を配合していないので、患者さん方は1週間ごとに来院しなくてはなりません。多くの患者さんから、冷蔵でなくても時間が経っても腐らない無害な化粧品を商品化してほしいと切望され、本当の無添加化粧品の開発に踏み切りました。

女性は欲張りです。美白もしたい。シワが目立たなくなるような化粧品を使って、できれば若返りたい！　とのご注文もいただきました。私も無害な物質でアンチエイジングができれば、世の中の女性全員が喜んでくれる！　とお肌にやさしいといわれている成分をたくさん取り寄せて、自分の肌につけて実験を繰り返しました。

非イオン性界面活性剤、両性界面活性剤、さまざまな防腐剤、さまざまな美肌成分といわれるもの……実験は5年以上にも及びました。そのころの私の顔は腫れ上がったり、プツプツだらけになったり、それはそれはひどいものでした。顕著な反応を示さなかったものは、家族や患者さん、スタッフにも了承を得て試してもらいました。

結局は使える成分はほんの一握りしかありませんでした。そのような長年の人体実験があるからこそ、無害といわれる成分でもお肌が弱い人にとっては害になると声を大にしてお伝えしたいのです。お肌にやさしいといわれているものの、私の実験で肌トラブルを起こした成分をいくつか挙げます。

✦非イオン性・両性界面活性剤、水添レシチンを含むすべての合成界面活性剤

✦すべての防腐剤

✦セラミド類配合のもの：肌の水分や細胞をつなぐセラミドは水にも油にも溶けな

い性質なので化粧品に配合するためには合成界面活性剤が必要です。セラミド類が配合されている化粧品にはセラミドの効果以前に合成界面活性剤の害があるのです。

✦リピジュア®（ポリクオタニウム51）：ヒアルロン酸の2倍の保湿力があり、皮膚には無害な美肌物質といわれていますが、たくさんの人が肌トラブルを起こしました。

✦APPS：高浸透型ビタミンC。少しでも肌のバリア機能がくずれていると強い肌刺激を感じます。

✦加水分解コラーゲン・加水分解エラスチン・加水分解酵母タンパク・加水分解シルク、水溶性コラーゲン：これらは一見お肌をツヤツヤにしてくれそうですが、分子量が小さく皮膚細胞の間隙に入り込みます。たくさんの人に肌トラブルが起こりました。

✦ヒノキチオール、ローズマリーオイルエキス、グレープフルーツ種子エキス、レウコノストック/ダイコン根発酵液：天然の防腐剤ですがお肌の弱い方は要注意です。

Lesson

# 肌断食はやってはいけない!?

健康なお肌は自ら潤い、美しくなる力があります。理想のお肌は、子どものころのような、何もつけなくてもきれいで透明感のあるお肌です。私たちは有害な化粧品を使い始めたせいでお肌が自ら潤う力を奪ってしまったのです。

であるならば、化粧品を一切使わない「肌断食」をしてみようと考える方もいらっしゃるかもしれません。

実は、肌断食は危険をともないます。今、お肌にトラブルを抱えていない方は肌断食をしても問題ありませんが、お肌に悩んでいる方はやってはいけません。

当院にはお肌に悩んで肌断食をしてお顔が腫れ上がったり、かさぶただらけになってしまった患者さんがたくさんいらっしゃいます。

お肌に悩んでいる方は皮膚の構造が壊れているので、肌の自ら潤う力が弱まっています。そこで急に保湿するスキンケアをすべてやめてしまうとお肌が潤うことができず、悲鳴をあげてしまいます。

炎症が起き、お顔が真っ赤に腫れ上がりかさかさし、ニキビだらけになったり、顔じゅうがかさぶただらけになったりします。その状態を3年くらい我慢すると本来の健康なお肌が戻ってくるかも知れません。しかし、3年も我慢するなんて大変ですよね？

有害な化学物質をお肌につけなければ肌トラブルは改善していくので、そんなつらい肌断食はせず、手づくり化粧品や本当の無添加化粧品を使って、お肌が自身の力で潤えるようになるまで助けてあげればよいのです。

健康なお肌が戻ってきたら、肌断食をしてもひどい状態にはなりません。私も20年間肌荒れに悩みましたが、今は健康な肌を取り戻し、たまに肌断食もします。

肌断食をやるのであれば、まずはあなたのお肌の状態をチェック。負荷をかけないよう注意して行いましょう。

Lesson

# 食べ物が原料の化粧品がアレルギーを起こすことも

「化粧品の成分が、食べられるものだったら安全♪」と考えている方は多いと思いますが、実は安全ではありません。食物アレルギーは、食物が皮膚に付着したのが原因で発症することがわかってきました。

食べ物を皮膚につけていると、アレルギーを発症する可能性があるのです。

以前大問題になった「茶のしずく」は、食べ物である小麦を細かい状態にした加水分解コムギが石けんに配合されていて、それを使った人が、重い小麦アレルギーになってしまったものです。

アメリカのピーナッツアレルギーの子どもは、ピーナッツバターを含む保湿剤を塗っていたことが原因だったと明らかになりました。

そばアレルギーの人は、そばが何かの原因でバリア機能が弱った皮膚に付着したことで発症することもわかってきました。

また、アレルギーとは違う話になりますが、レモンやキュウリでパックすると皮膚にビタミンCが補えてよいと勘違いしている人も、まだまだいるようです。レモンやキュウリにはソラレンという光毒性物質が含まれていて、皮膚につけたあとで日光にあたるとシミをつくってしまいます。

食べ物だからといって、化粧品の材料として安全ではないのです。

Lesson

# 鼻パックが毛穴を広げる

鼻にぴたっとつけて、ぴりっとはがせば、角栓がびっちりくっついてくる。あの毛穴パックのコマーシャルを見ると、やりたくなるのが人間の心理というもの。あなたもやっている？　あれをすると、鼻の毛穴はもっと広がるのですよ。

一時的に詰まっているものが取れて少しつるっとなったように感じるので、やめられないのかもしれませんが、鼻の皮膚では大変なことが起こっています。

はがしたときに毛穴の皮膚の一部もはがれて炎症が起きます。また成熟してない角質がつくられるので、なおさら毛穴が目立つようになります。

そうなると、毛穴パックの頻度が多くなり、もっと鼻の皮膚にダメージが起き、毛穴が広がってしまうという魔の悪循環が……。鼻の毛穴を気にして美容皮膚科にいらっしゃる患者さんの多くは、このパックが原因で毛穴が広がってしまった方々です。

そうなってしまう前に、鼻の毛穴パックをしている方、今すぐやめてください！鼻の毛穴を押して角栓を出すのも同じです。毛穴が広がってしまってからは、施術をしても元通りにはなりません。

では、鼻の毛穴が気になったらどうするの？

鼻の毛穴の目立ち具合は遺伝や体質です。ツルツルの人は毛穴の奥の皮脂腺が発達していない人なのです。うらやましく思っても、残念ながらそのようにはなれません。

鼻の毛穴を気にしてゴシゴシ洗いすぎたり、よくない刺激を与えているから、未熟な角質が多くなり、なおさら目立つようになります。

まずは、今のあなたの毛穴の状態を知ることが必要です。

皮脂の分泌が多すぎて毛穴が目立っている？
角栓が詰まっている？
毛穴の皮膚が黒ずんでいる？
毛穴に炎症が起こっている？
毛穴が目立つ原因は皮膚のたるみによるもの？

皮脂の分泌が多すぎて毛穴が目立っている方のそもそもの原因は、合成界面活性剤入りの化粧品で皮膚の構造が壊れて、水分を保持できなくなり、皮膚が過剰に皮脂を分泌している可能性があります。合成界面活性剤が入った化粧品の使用はすぐにやめましょう。

角栓が詰まっている場合は、クレンジングとして使うお肌に合ったオイルを肌になじませ、刺激をしないようにごくごくやさしく、休み休み数十分指でクルクルしてください。角栓が浮き上がって取れてきます。無理に角栓を取ってはいけません。その後、石けん洗顔をして、手づくり化粧水や無添加の化粧水で十分に保湿しましょう。

毛穴の皮膚が黒ずんでいたり、炎症がある場合は、ゴシゴシ洗うのをやめるだけでよくなるかもしれません。

皮膚のたるみによるものは、美容皮膚科を受診し、相談するのがよいでしょう。

Lesson

# 金属を含む化粧品には要注意

肌荒れで悩んでいる人の中には、金属アレルギーが原因で肌荒れを引き起こしている人もいます。

「私には金属アレルギーなんて関係ないわ」と、読み飛ばそうとしないでください。多くの方が金属アレルギーを持っていることに気がつかずにいます。実は金属アレルギーはたくさんの皮膚病と密接に関連しています。

ピアスやイヤリング、ネックレス、指輪、時計、ベルトのバックルなどでかゆくなったり、ジクジクしたりした経験があれば、確実に金属アレルギーをお持ちの方です。

金属アレルギーをお持ちの方が、歯に金属の詰め物をしているのは恐ろしいことです。口の中の唾液で金属が溶け出て、体に異変をきたします。

皮膚に関して言うと、アトピー性皮膚炎、掌蹠膿疱症《しょうせきのうほうしょう》、全身のじんましん、かゆみ、治らないニキビなどが症状としてあらわれます。

貴金属でかぶれたことがない方でも、皮膚症状が出ているので調べてみると、金属アレルギーが判明した事例を多く経験しています。

大人のニキビがどうしても改善しない患者さんは、金属アレルギーが原因であることが多いです。

金属アレルギーによるニキビは、大人がなるニキビの特徴であるUゾーンに出ているのではなく、お顔のどこにでも出てきます。

**どんな治療をしても治らないニキビは「歯科金属のせいかも」と疑ってください。**

実は私もその患者の1人なのです。

化粧品の化学物質が原因で顔じゅうに出ていたニキビは、自分でつくった無添加の化粧品を使うことで改善しましたが、その後あるときを境に何をやっても改善しないニキビがまた額を中心に出るようになりました。

原因を考えていて、歯医者さんで新しく歯科金属を入れたことを思い出したのです。

今まで、指輪、時計、ネックレスなどにかぶれたことはありませんでしたが、念のために金属アレルギーのテストをしてみたところ、びっくりするくらいたくさんの金属にアレルギーがあることが判明しました。

そして歯科金属をすべて除去すると、半年後くらいから額のニキビが嘘のように出なくなったのです。

残念なことに、金属アレルギーが原因でニキビが出ることを皮膚科の先生でも認識している方が少ないのが現状です。

どうしてもニキビが改善しない方は、念のために金属アレルギーのテストをおすすめします。

ただ、金属アレルギーが判明しても、歯科金属を除去するのにお金がかかるので、結局はそのまま……という方も多いです。

これまで、金属アレルギーの患者さんが歯科金属を除去して、頑固だったニキビが嘘のように治ったのを何百例も見ているので、本当に残念でなりません。

金属アレルギーがある方に、もうひとつ知ってほしいことがあります。

ファンデーション、フェイスパウダー、チーク、アイシャドウなどにも金属が含まれています。そのために、顔がかゆくなっているのかもしれません。

金属アレルギーの方は、金属が含まれていてもコーティングされている、金属の粒子が直接肌につかないように工夫された化粧品を使いましょう。

最近、「金」や「プラチナ」を配合している化粧品をよく目にするようになりました。

「酸化による腐食や変質がなく、古くから永遠の生命と美しさをもたらすといわれる金とプラチナ」

こんな説明を見ると、「お肌が老化しなさそう♪」と飛びつきたくなる気持ちもわかります。しかし、注意が必要です。金やプラチナにアレルギーがある方が使用すると、お肌がボロボロになってしまいます。

「金やプラチナは金属アレルギーがない」と誤解している方がいらっしゃいます。金やプラチナのアレルギーは結構多くの人があります。私もその1人です。

ピアスや貴金属類でお肌がかゆくなったことがある方は、金やプラチナが原因かもしれません。

今まで貴金属でかゆくなったことがない方でも、化粧品に配合される粒子の小さな金属には反応することがあるのです。

有害な化粧品をやめ、肌によい食生活をして、小麦粉を断っても肌荒れが改善しない人は、金属アレルギーを疑いましょう。皮膚科に行って「金属パッチテストをしてください」と言ってみてください。

金属アレルギーがあるとわかったならば、原因となる歯科金属をすべて取り除きましょう。金属を除去して半年程度で肌荒れは改善していきます。また、食べ物も、あなたがアレルギーを持つ金属が多く含まれていることがあるので、それを食べないようにしましょう。

## 金属を多く含む食品

<table>
<tr><th></th><th>菓子</th><th>飲み物</th><th>魚介類</th><th>海藻</th><th>野菜</th><th>穀類</th><th>豆類</th></tr>
<tr><td>ニッケル</td><td rowspan="5">チョコレート</td><td>紅茶、ココア、ワイン</td><td>カキ、鮭、ニシン</td><td>すべて</td><td>ホウレン草、レタス、カボチャ、キャベツ</td><td>玄米、蕎麦、オートミール</td><td rowspan="2">ナッツ、豆類すべて</td></tr>
<tr><td>コバルト</td><td>紅茶、ココア、ビール、コーヒー</td><td>ホタテ貝</td><td rowspan="2"></td><td></td><td rowspan="2"></td></tr>
<tr><td>クロム</td><td>紅茶、日本茶</td><td></td><td>ジャガイモ、カブ</td><td></td></tr>
<tr><td>亜鉛</td><td>抹茶、ココア</td><td>カキ、カニ、タコ</td><td>海苔</td><td rowspan="2"></td><td>玄米、小麦</td><td rowspan="2">ナッツ、豆類すべて</td></tr>
<tr><td>銅</td><td>紅茶、日本茶</td><td>カキ、シャコ</td><td></td><td></td></tr>
</table>

Lesson

# 有害な物質だらけの入浴剤

最近はシャワーですませるという方も多いようですが、美肌をつくるためにはゆっくりと湯船につかることをおすすめします。

1日の疲れを取ってくれるバスタイム。湯船にきれいな色をつけて、素敵な香りがすると、幸せな気分になるのはよくわかります。

しかし、入浴剤の成分を見たことがありますか?

色をつけているのは青色○号、黄色○号という名のタール色素。毒性物質です。

素敵な香りも化学物質からつくられます。お肌をしっとり見せるための化学物質や合成界面活性剤も含まれています。また腐らないように防腐剤も配合されています。

温熱効果のための炭酸ナトリウム、炭酸水素ナトリウム、生薬などはよいとしても、

**入浴剤は、有害な化学物質のオンパレードなのです!**

入浴剤を入れると、湯船につかっている間、皮膚に化学物質が作用します。合成界面活性剤で皮膚のバリア機能が破壊され、弱くなった皮膚に毒性のあるタール色素や他の化学物質が入り込んで、アレルギーを引き起こし、発がん性が高まる可能性があります。

体の湿疹や、お風呂上がりに体がかゆく感じる方は、入浴剤が原因かもしれません。どうしても入浴剤を入れたいのなら、天然の塩だけを入れましょう。温泉の塩化物泉と同じようなお湯になりますので、体が温まりますよ。

香りがほしい方はハーブやアロマオイルがよいかもしれませんが、皮膚に刺激になることもあるので、私はおすすめしません。ゆずやミカンの皮でもかぶれたり、柑橘系のフルーツの皮に含まれるリモネンという物質によって、刺激を強く感じたりもします。

また輸入されたオレンジやグレープフルーツなどには、OPP、TBZ、イマザリルなどの防カビ剤がついています。それをお風呂に入れて入浴すると皮膚がただれて大変なことになるので、気をつけましょう。

Lesson

# 使ってはいけない！　男性用の化粧品

最近、男性向けの化粧品を目にすることが多くなってきました。私のまわりにも、化粧水を塗っているとおっしゃる男性がどんどん増えています。

私は声を大にして言いたい。

「男性諸君、化粧品を使うのはやめなさい！」

企業は女性に化粧品を売りたくても、女性の化粧品市場は飽和状態になっています。そこで目をつけられたのが男性。「今は男性も化粧品をつけないとダサい時代」というようなコマーシャルをして、どんどん男性に売りつけているのです。

男性は女性よりも皮脂が多く、角質も厚いので皮膚のバリア機能が強くできています。何もつけなくても「素肌力」を持っている状態なのに、化粧品を塗り始めると皮膚細胞が壊されていきます。男性化粧品の爽快感はアルコール（エタノール）、メントールなどで出していますが、これらも危険です。

「顔が粉をふくから化粧水を塗りたい」とおっしゃる男性諸君に3点助言をします。

一つ目は居酒屋のおしぼりでお顔を拭くのをやめましょう。おしぼりに合成洗剤が含まれているので、皮膚の構造が壊されてお顔は粉をふきます。

2つ目はシャンプーをお顔にダラーッとつけるのをやめましょう。シャンプーの合成界面活性剤で皮膚の構造が壊されます。あとで洗い流してもダメです。最初からつけないことが大事です。

最後にお湯でお顔をすすぐのはやめましょう。お湯で保湿成分が流れ出て、皮膚は乾燥します。肌にやさしい無添加石けんでやさしく洗い、ぬるま湯（女性よりも高めの温度で30〜35℃）ですすいで、何もつけない。男性は、これらを守るだけで、お顔の粉ふきは改善します。化粧品に手を出してしまうと、皮膚バリアは壊され、なおさらお顔が乾燥するようになるのです。化粧品を使っている男性のあのツヤは、お顔にビニールを貼っているニセモノのツヤだと認識しましょう。

Lesson

# タバコは「美」を奪う！

タバコの主成分であるニコチンは、血管を収縮させ、血行を悪くします。血流が悪くなると皮膚の新陳代謝が悪くなります。また、タバコ1本で25〜100mgものビタミンCが破壊されるため、ビタミンC不足を招きます。

ビタミンCには、メラニン色素ができるのを防ぐ作用とコラーゲンの生成を助ける作用があります。不足するとシミ・そばかすが多くなり、ハリが失われ、シワができやすくなります。

若いころはまだ気にならないかもしれませんが、有害物質は確実に蓄積しています。アメリカの調査で双子女性を対象とし喫煙が及ぼす影響を調べたところ、たった5年間でも、大きな差が見られました。喫煙者のほうが、上まぶたが垂れ下がり、目の下や頰のたるみ、ほうれい線や額のシワが目立ち、肌の色が全体的に黒ずんで不健康に見えるといった結果になりました。

また、タバコを吸うと活性酸素が発生し、あらゆる皮膚トラブルの原因となり、細胞内のDNAを傷つけることでがん発生のリスクが高まります。

気をつけなくてはならないのは、自分が吸わなくても一緒にいる人が吸うことで、喫煙者が吸っている「主流煙」より有害な「副流煙」を受動的に吸ってしまうことです。副流煙には主流煙よりもニコチンが2・8倍、タールが3・4倍、一酸化炭素が4・7倍も多く含まれています。

**自分が吸わないからと安心しないで、タバコを吸っている人の近くに寄らないようにしましょう。**

また最近は加熱式電子タバコを吸っている方も増えていますね。もちろんこれも同様の害をもたらします。毒性物質・刺激性物質の発生が通常タバコより十数パーセント減少するくらいで、たいして変わらないとの報告がされています。

タバコの害については広く知られており、認識をしていない人は少ないですが、よくわかっていない人もいるので改めて記述しておきます。

Lesson

# 肌のきれいな人はストレスとつき合うのが上手

適度なストレスはプラスに働くこともありますが、ストレスがたまりすぎると肌にも影響を与えるのはもちろん、健康をも害してしまいます。

私たちの体はストレスを感じると、ストレスホルモンである副腎皮質ホルモンや男性ホルモンが多く分泌し、ストレスに対抗しようとします。これらのホルモンは皮脂の分泌を過剰にさせ、毛穴のつまりやニキビの原因になります。

また、ストレスにより体内に大量の活性酸素が発生し、体の細胞が攻撃され、お肌の老化も加速します。しかし、現代社会に生きる私たちが、ストレスをまったく感じない生活をするのは難しいでしょう。

よって、どのようにストレスを解消するかが大切です。ストレスを感じたら、ゆったりとお風呂に入るとか、好きな音楽を聴くなど、ご自分に合った解消法を実践しましょう。

美肌になるために我慢することが、ストレスになることもあるかもしれません。好きな食べ物を制限したり、紫外線を避ける生活をしたり、タバコをやめたり。

患者さんからも言われることがあります。「こんなに我慢したら、ストレスでもっとニキビが出てくる」と。

そう思う方は、我慢しないでください。心と体はつながっています。あなたにとって、ストレスのない範囲で、美肌になるための生活をしましょう。

これまでお話ししてきた方法を実践してもなかなか効果が出ないと、日ごろのお肌の手入れもストレスになるかもしれません。

しかし、これまでケミカル化粧品を使ってきた方は多少の時間がかかることも知っておいてください。

正しい知識を持ち、適切な努力をすれば、体は必ず応えてくれます。

それでもうまくいかないというときは、間違った努力をしている可能性もあります。

今一度ご自身の生活を見直してみてください。

不規則な食事や睡眠不足など、何かしら原因があるはずです。

でもいちばん大事なこと、それはあなた自身が自分のお肌をいたわり、ケアしてあげること。

お肌のケアではありませんが、私は毎朝「幸せだな〜」と言ってベッドから出ます。何か大変なことが起こっても、「ありがとうございます。人生の勉強になります」と前向きに考えます。大変なことでイライラすることはお肌にもよくありませんし、その人の持つ魅力を半減させます。

同様にどんなにイライラしたり、落ちこんだときでも、プラスの言葉を使うようにしています。

すべての出来事に対して前向きに、感謝の心を持って生活していれば、あまりストレスを感じない人間になれると実感しています。そしてそれが心の健康につながり、美肌にもつながっていくのです。

Chapter

4

# 〈ケーススタディ〉肌荒れ克服への道

Case 1

# 化粧品が肌に合わなかったA子さん（34歳　銀行員）

この章では肌荒れに悩んでいた患者さんを治療したケースを通じて、肌荒れのパターンと治す方法をお伝えしていきます。

肌荒れといってても原因や治療法は人によりバラバラです。現在肌荒れに悩んでいる方は、ご自分のパターンに近いものから治療法を考えてみていただくとよいでしょう。

A子さんは5年前に病気を患い、それ以降とても健康に気を遣っていました。食品添加物をできるだけ使わない食事を心がけ、外食も必要最小限にしていました。有名な某無添加化粧品メーカーの化粧品を使ってきましたが、ここ2年ほどお肌の乾燥に悩まされ、夏でもお顔の皮膚が粉をふき、つっぱり感を感じていたそうです。

A子さんは、大きな病気をしたせいで、お肌が乾燥するのかと半分あきらめていましたが、1カ月ほど前から目のまわりが赤くなり、徐々にヒリヒリが強くなってきて、これは病院に行かなくてはと当院を受診されました。

初診時、彼女の目のまわりは赤く腫れ上がり、お顔の皮膚が全体的に乾燥。こめかみに湿疹、あごに細かいニキビが存在していました。

A子さんのお顔を見た瞬間、化粧品が原因であることはすぐわかりました。

私は、A子さんに「今お使いの化粧品がお肌に合わないのが原因です」とお話ししました。すると、A子さんは、自分はとても健康に気をつけ、化粧品も無添加のものを使っている！　それにケチをつけるのかと反論してきました。

私は、A子さんがお使いの無添加化粧品は、パラベンという防腐剤が無添加なだけであって、他にたくさんの有害物質が含まれていることを説明しましたが、納得していただけません。それでは、化粧品のテストだけはしてみましょうと説得し、A子さんはしぶしぶ了解されました。

テストの結果は、A子さんが使っていた化粧品のほとんどに反応が出ました。

行なったテストはパッチテストというものです。使っている化粧品をすべて持参していただき、少量の化粧品をそれぞれテスト用の絆創膏につけ、皮膚に貼ります。

2日間貼りっぱなしで、できるだけ濡らさないように、汗をかかないように気をつけていただきます。2日後に絆創膏を取って皮膚の反応を見ます。

A子さんは、パッチテストで赤くなったご自分の腕を見て泣き崩れました。「この化粧品を信じて使っていたのに……化粧品のせいだったなんて……」

1時間ほどして、やっと話ができる状態になってから、化粧品に含まれる有害物質について詳しく説明させていただきました。A子さんは、やはり納得がいかない様子でしたが、今後の治療方針として、有害物質を含まない化粧品にすべて変えることを了承していただけました。

1週間後にA子さんが来院しました。

目のまわりの赤みは引き、こめかみの湿疹は改善していました。お顔全体の乾燥とあごのニキビは軽度に。

A子さんの表情は、前回とはうって変わってとてもにこやかです。

「先日家に帰ってから、使っていた無添加化粧品の成分を初めて見てみました。何が書いてあるのかはよくわかりませんでしたが、無添加と信じていた化粧品に、あんなにたくさんの化学物質が入っていたなんて。有害物質が入っていない化粧品を使い始めたら、顔がす～っとさわやかなんです」

1カ月後の再診で、A子さんのお肌は別人のように透き通っていました。乾燥はまったくなくなり、あごのニキビもすっかりよくなっていました。

「私の体に何かよくないことがあれば、すべて大きな病気をしたからだと思い込んでいました。そして無添加と宣伝している化粧品が、本当は違うと知ってショックでした。先生の話が信じられずに反抗してすみませんでした。これからもよろしくお願いします」

A子さんはそう語りました。

Case 2

# 顔のかゆみがひどかったB子さん（38歳　ピアノの先生）

B子さんは、3年前から顔のかゆみ、赤みがあり、近所の皮膚科に通っていました。その皮膚科での診断名は「脂漏性皮膚炎《しろうせいひふえん》」。薬を塗ればよくなるものの、やめると悪くなるのをずっと繰り返していました。ここ半年は、薬を塗ってもかゆみが治まらず、夜中にかきむしって痛みで起きることがたびたびあり、車で2時間の当院を受診されたのです。

初診時、顔全体に赤み、細かい皮むけ、ところどころにひっかき傷がありました。「脂漏性皮膚炎」とは、皮脂の分泌の多い部分である鼻まわりや眉間《みけん》、額、頭皮、生え際にあらわれる疾患で、B子さんのような顔全体の赤み、かゆみは症状ではありません。

また、フェイスラインにくっきりと赤みの境界線があり、何かにかぶれていることが一目瞭然でした。

かぶれの原因は基礎化粧品なのか、メイクアップ化粧品なのか。または治療のために塗っていた軟膏の可能性も考えられます。

私は、パッチテストの提案をし、B子さんは承諾してくれました。

パッチテストでは、化粧水と乳液と日焼け止めに反応がありました。特に日焼け止めを貼った腕の皮膚は水疱ができるくらいの反応があらわれ、フェイスラインの赤い境界線の原因は日焼け止めと断定できました。

私はB子さんに、病名は「脂漏性皮膚炎」ではなく「接触性皮膚炎」いわゆる「かぶれ」であることを告げました。「脂漏性皮膚炎」と「接触性皮膚炎」の治療には同じ外用薬が使われます。薬を塗って一時的によくなっても、かぶれの原因である化粧品を毎日使っていれば完治することはありません。

治療方針は以下のようにしました。

✦化粧品で壊されたお肌を回復させるために、軟膏を数日塗布する

## ✦パッチテストでお肌に合わないとわかった化粧品をやめる

B子さんは、化粧品の害に関する話をよく理解され、合わなかった化粧品だけでなく、すべての化粧品をやめ、有害な物質を一切含まない化粧品に変えられました。

1週間後に来院されたときには、お顔の赤みはすっかり取れ、ひっかき傷の跡が残るだけになっていました。顔全体の細かい皮むけもなくなり、つるっとしたお肌になっています。

私：もう、軟膏を塗るのはやめましょう。しかし、今まで3年間お肌が壊れ、軟膏に頼るお肌になっていたので、やめると一時的にお肌の調子が悪くなる可能性が高いです。まだ定期的に通ってください。

B子さん：はい、わかりました。3年も治らなくて苦しんでいたのが、嘘のようです。本当にうれしいです。

2週間後の再診時、やはり調子が悪いとのこと。赤みはないけれど、全体に粉をふいていて、少しかゆみがある状態。

私‥これくらいの状態は、まったく問題がありません。少しかゆいのはつらいかもしれませんが、前に比べたら大したことないでしょう？　これから半年くらいかけて、このように悪い状態とよい状態を繰り返しながら、お肌は回復していきます。

B子さん‥はい。先生を全面的に信じてついていきます。


その後B子さんは、3カ月ほどたまにかゆい状態があったものの、順調に回復されました。

今でもときどき車で2時間かけて当院を受診され、元気なお顔を見せてくれます。

Case 3

## 肌の水分量が不足していたC子さん（26歳　看護師）

C子さんは、20歳を過ぎたころから顔全体にニキビが出るようになりました。ここ最近は仕事がハードで毎回の夜勤明けにニキビがひどくなり、顔中がニキビで覆い尽くされる状態になってしまったとのこと。インターネットでニキビにはオイルがよくないとの書き込みを見て、オイルフリーのニキビ用化粧品をしばらく使ってきたものの、いっこうによくならないと当院を受診されたのです。

初診時、C子さんのお肌は全体的に乾燥、顔中に化膿した大きいニキビと、白ニキビが混在している状態。

スキンケアの仕方を尋ねると、「とにかくオイルはよくないので、オイルフリーの洗顔フォームとお湯で顔を洗ったあと、化粧水だけをつけて終わりです。ニキビを隠したいので、カバー力が強いリキッドファンデーションを使っています。たまにエステに通ってニキビによいというマッサージを受けています」とのことでした。

私は、今C子さんのお肌に起こっていることを説明しました。

・皮膚の水分量が異常に少なく、角質がゴワゴワして、毛穴が詰まっている状態
・リキッドファンデーションには油分やシリコンなど、洗顔フォームだけでは落とせない成分が配合されているので、それらも毛穴のつまりの原因になっていること
・ニキビができているところをマッサージで刺激すると、なおさら大きく化膿すること

また、皮膚の水分量が異常に少ない理由として考えられるのは、

・お湯で洗顔しているので、お肌が自ら潤うためにつくり出す大事な保湿成分が流れ出てしまっている
・今使っている化粧品はオイルが入っていないと宣伝されているが、他の有害物質が

含まれている

・オイルがよくないと思い込み、保湿する力が弱い化粧水だけで済ませている

・そもそも、使っている化粧品が合っていないかもしれない

といったことを説明しました。

そして、大人のニキビにすべてのオイルが悪いと思い込むのは間違いであることもお話ししました。確かに、オレイン酸を多く含むオリーブオイルや椿オイルなどはニキビを悪化させますが、オレイン酸が少ないオイル、炎症を抑える作用があるオイルはニキビを改善方向に向かわせます。

まずは、化粧品のパッチテストをしました。その結果、洗顔フォーム、化粧水、リキッドファンデーション、使っている化粧品のすべてに反応があらわれたのです。

治療方針はお肌の水分量を増やすことです。

✦今の化粧品を一切やめて、有害な物質を含まない化粧品に変える。オイルを怖が

らずに、合成界面活性剤無配合のクレンジングオイルと保湿オイルを使う
✦ぬるま湯で洗顔する
✦洗髪時、お顔にシャンプー、リンス、すすぐときのお湯などがつかないように細心の注意を払う
✦マッサージは一切やめる。不用意に顔を触らない

C子さんは、そんなことでニキビが治るのですか？　と不安そうでしたが、とにかく実行してくださいとお話ししました。

1週間後の再診時、C子さんのニキビは明らかに勢いが収まっています。真っ赤に腫れていたニキビが小さく赤紫色になり、白ニキビの数もグンと減っていました。

私がC子さんに「よくなってきていますね」とお話しすると「そうですか〜？」と不満げです。

今までニキビの患者さんをたくさん治療してきましたが、多くの患者さんは改善してきても「改善していない」と言います。ニキビの化膿や赤みが軽減しても、ポツポ

ツの数はそんなにすぐに減少するわけではないので、患者さんにとって、それは改善したとは感じられないようです。

ニキビがいったん出ると、赤みがすべてなくなるまでは半年~3年ほどかかります。1週間でそんなに改善するはずがありません。

「じゃあ、1週間前のご自分のお顔覚えている？　ここにこんなに大きなニキビがあったよね？　ほら、ここに白ニキビがもっとあったでしょ？」と詳しく説明します。すると、やっとそうかも……と納得してくれます。

ニキビ患者さんの治療でいちばん難しいのは、治療が長くかかるので、モチベーションを保つために毎回よくなっていると自覚してもらうことなのです。

モチベーションを保つことができなければ、雑誌によさそうな化粧品が紹介されていたから、友達がすすめてきたから、とまた間違いを繰り返し、通院も治療も中断してしまいます。それは患者さんにとっていちばんの不幸なのです。

C子さんは、症状がよくなっていることを自覚し、今後も気をつけることを再確認して、1カ月後の再診の予約を取っていかれました。

1カ月後の再診時、C子さんのお顔には化膿したニキビはなくなり、小さく赤いニキビ跡に置き換わっていました。白ニキビはまだ残るものの、初診時の10分の1程度に減っていました。

C子さんは、順調によくなっていることを実感し、毎日を明るく過ごせるようになったと話してくれました。しかし、ニキビ跡の改善に時間がかかることが待てないとのことで、光治療の追加を希望され、徐々にきれいなお肌を取り戻している真っ最中です。

※C子さんが受けている治療は、フォトRFオーロラという治療です（保険適用外）。

Case 4

## 手づくり化粧品でも改善しなかったD子さん（42歳　専業主婦）

D子さんは、幼いころからお肌が弱かったそうです。いろいろな化粧品を使っては顔が赤く、かゆくなることを繰り返していたので、3年前にインターネットで検索した結果、自分で手づくり化粧品を製作することにたどり着きました。手づくり化粧品を使うようになってから、お肌の調子がよくなったものの、1年前からあごだけにニキビが出て治らなくなり、たまに顔全体もかゆく感じるようになったので、当院を受診されたとのことです。

初診時、D子さんのお肌は、全体的には正常。あごだけに化膿したニキビが存在する状態でした。D子さんのお話から、注意点を伝えました。

・今使っている手づくり化粧品には、入れる必要がないアレルギーを起こす可能性が

ある物質も入っていたので、それは除くこと

一度つくってから1カ月くらい使っていることもあるとのことなので、それでは雑菌が繁殖してお肌トラブルの元になるので、1週間以内で新しいものにつくり替える。保湿オイルとして、食用のエキストラバージンオリーブオイルを使っているとのことだったので、ニキビが出やすい人は違うオイルがよい

湯船にあごまでつかってはいけない（あごにニキビができる患者さんの多くがこれをやっている）

2週間後の再診時、D子さんのあごのニキビはすっかりよくなっていました。しかし、まだお顔がたまにかゆいとのこと。D子さんのように、とてもお肌が弱い方は洗顔時に使うタオルに残留している洗剤や柔軟剤にかぶれることがあることをお話しし、お顔を拭くときはキッチンペーパーを使いましょうと指示しました。

その2週間後の再診時、D子さんは「すっかりよくなりました！」と笑顔でいらっしゃいました。

Case 5

# 金属アレルギーのE子さん（35歳　美容師）

E子さんは10年くらい前から、ニキビが出るようになりました。最初は額だけだったのが、だんだん顔中に広がっていったとのことです。近くの皮膚科を受診して内服・外用薬をもらうと一時的によくなるけれど、薬が切れるとまた悪化することの繰り返し。

ここ3年くらいは、薬をもらっても改善が見られないので、他の皮膚科を転々とするも、治療内容と処方薬はほとんど同じで、絶望的になっていたとのこと。友人の話を聞いて、車で1時間弱の当院を受診されました。

初診時、E子さんのお顔は全体が化膿したニキビでいっぱい、特に額はニキビで埋め尽くされているような状態でした。E子さんは、当院を受診される前に、当院のホームページをご覧になり、私のブログを読んでくださったとのこと。E子さんは、私のブログから原因は金属アレルギーではないかと思うので検査をしてほしいとおっしゃいました。

私も、これは金属アレルギーが原因である確率が高いとの直感があったので、話がまとまるのは早かったです。

治療方針は以下にしました。

✦金属アレルギーのテストをする
✦金属アレルギーが判明すれば、歯科金属を取り除く
✦アレルギーのある金属を多く含んだ食品は、できるだけ避けるようにする
✦歯科金属を取り除いても体からすべて排出されるまでは半年ほどかかるので、時間が経つのを待つ

金属アレルギーの検査は、化粧品のパッチテストと同じように、それぞれの金属の溶液をテスト用の絆創膏で皮膚に貼りつけるものです。

E子さんの金属パッチテストでは、多くの金属に強い反応があらわれました。

通常の患者さんは、金属アレルギーが判明するとショックを受けるのが常なのですが、E子さんは違いました。おもむろにガッツポーズをしたのです。「原因がわかった！　ニキビが治る！」と。

E子さんの行動は速かったです。すぐに歯科の予約を取り、金属が入っている歯6本をセラミックに変える治療を始めました。私は歯科の先生に手紙を書き、この金属にアレルギーがあるので、これらを含まないセメントを使ってくださいとお願いをしました。

4カ月後、E子さんは私の外来を受診され、やっと金属を取り除けたと報告してくれました。

そのときのE子さんのニキビは、初診時の半分くらいになっていました。

治療の最中は、口の中に直接削られた金属が付着するため、ニキビは悪化したようです。そのことも伝えてあったので、心が折れることなく治療ができたとおっしゃっていました。

E子さんがアレルギーを持つ金属は、チョコレート、ナッツ類などに多く含まれているので、それらはあまり食べないように指導しました。そして時間が経つのを待ちましょうと。

「半年後にまた来ま～す！」とおっしゃったのですが、E子さんは半年経っても1年経ってもいらっしゃいませんでした。

約2年後、E子さんはいらっしゃいました。お顔のニキビはすっかりよくなっていました。

「先生、ありがとう！　感謝はしていたんだけれど、ニキビよくなったら来るのが面倒になっちゃって～。今日はこっちに来る用事があったから、お礼を言いに来たの」と。

そんなE子さんはキラキラと輝いていました。

Case 6

# 美肌生活優等生でも肌荒れのF子さん（43歳　会社経営）

F子さんは、当院開業当初からの患者さん。お肌が弱く、さまざまな化粧品にかぶれ、ニキビや乾燥肌を繰り返す人生を送ってきた方。私がつくった化粧品を使って肌荒れが改善し、喜んでくださった患者さんの1人です。

しばらく肌の調子がよかったのですが、たまに額に細かいニキビが出ることがあり、原因がわからない。金属アレルギーもあるので、できるだけチョコやナッツ類を食べないようにしている。気にならないくらいだけど、出ないにこしたことはない。どうにかなりませんか？　というご相談でした。

F子さんは、お顔の光治療や美容注射を受けに、当院に定期的に通ってくださっています。いつもにこやかで、F子さんがいらっしゃると私も元気をもらえる素敵な女性。

相談を受けたとき、F子さんの額にはよく見ないと気がつかないくらいの小さなニキビがありました。F子さんは美肌のための模範的な生活を送っています。若いころからお肌のことでずっと悩んでいたので、お肌がきれいになるために、よいとされることはぜんぶ実行してきた方です。

お肌に悪いものはつけない、睡眠は7時間、定期的にジムに通い運動をしている。ひとつだけ模範的でないことは、食生活です。甘いもの大好き。お酒が大好き。肉ばかり食べている。便秘ではないけれど、快便ではないとのこと。

私：額のニキビが改善するかどうかわかりませんが、腸内環境を整えることが必要なのだと思います。3日間生野菜と果物で生活してみませんか？　その後は腸内の善玉菌を増やすために少しの間、悪玉菌を増やしてしまうお肉類を少なめにしてみましょう。また、砂糖は悪玉菌のエサになるので、甘いものも控えるようにしませんか？

F子さん：ずっとビールとワインを飲んじゃダメ？

私：アルコールは3日間だけ控えましょう。それ以降はOKです。

F子さん：安心しました。それならできる♪

F子さんの行動はいつも速くて驚かされます。その話をした3日後、私の外来を受診されました。

F子さん：先生、びっくりしましたよ！　生野菜と果物だけの生活を1日しただけで、額のニキビがなくなりました。びっくりしたから今日まで続けているけれど、お肌、とっても透明感があるでしょ？　今までで最高の肌ですよ！

F子さんは、目には見えないけれども腸内の環境を整える大切さを痛感したようです。その後、砂糖が入ったものは一切食べなくなり、お肉も少量にして、代わりに生野菜と果物をたっぷりとるようになったそうです。

F子さんは、その後ごくたまに額にニキビができても、1日生野菜と果物生活をすると、すぐよくなるとおっしゃっています。

Case 7

# グルテン不耐症のG子さん（28歳　介護士）

G子さんは、中学生のころよりニキビに悩み、ありとあらゆる化粧品をためしても、ニキビが治ることはありませんでした。エステに行って高額の治療をすすめられ、治療の結果さらにニキビを悪化させることを繰り返していて、口コミで当院を知り受診されたのです。

初診時、お顔全体にニキビがあり、大きく化膿したニキビも散在していました。さらに赤みもあり、化粧品でかぶれていることはすぐにわかりました。

化粧品パッチテストについて説明すると、「テストをしなくても、自分でも化粧品が合っていないと気がついていました。よい化粧品があるなら使ってみたいです」とのことで、私がつくった化粧品をその日から使うことになりました。

2週間後の再診時、ニキビは3分の1くらいに減っています。G子さんもよくなってよかった～と喜んでくれました。

1カ月後の再診時、ニキビは初診時より減ってはいましたが、新しいニキビもある状態。G子さんは、前よりは減っているので、「このまま続けてみます」とのこと。

半年後、G子さんは再来院しました。全体にニキビがまた増えている状態。

化粧品以外にも何か原因があるはず……と細かいことをたくさん質問しました。

その結果わかったのが、G子さんの食生活はめちゃめちゃで、炭酸飲料が大好き、ファストフードを2日に1回は食べる、お昼は毎日カップ麺、食後は必ず甘いもので締めるというスタイルでした。

果物は食べない、野菜は少しだけ。寝る前にラーメンなどの夜食を食べるという状態です。睡眠時間は毎日3～4時間、運動は皆無。

今の若い子はこんな生活を送っているのか……と愕然《がくぜん》としました。食べ物が体をつくり、お肌もつくることを説明し、「3日間の生野菜と果物生活をしてみましょう」と提案しました。

G子さんは自信がないとおっしゃいましたが、「まずやってみましょう。3日後にお待ちしています」と、強引に約束をとりつけました。

3日後、あんなにたくさん化膿していたニキビが、嘘のように引っ込んでいます。G子さん本人も、「びっくりしました。食べ物でこんなに変わるなんて……今までの食生活が悪かったなんて思いもしなかったです。これから気をつけてみます」とおっしゃり、私の提案する美肌食生活をできるだけ実行すると約束してくださいました。

その後1カ月して、G子さんは再来院されました。またニキビが増えています。G子さんは自信なさそうに、「たぶん美肌食生活は守っていると思うのですが……」

便の性状を尋ねると、いつもお腹にガスがたまって痛い、下痢と便秘を繰り返しているとのこと。美肌食生活をすると腸内環境がよくなって、よい便になるはずなのですが。

G子さんは、パンや麺類が大好きで、ラーメンを食べた次の日は、決まってガスがたまりお腹が痛くなると。

これはグルテン不耐症かも！

その日から、小麦粉を使ったものは1週間一切口にしないように指導しました。

1週間後の再診時、G子さんのニキビはほとんどなくなっています。お腹の痛みも1週間出なかったと言います。今まで、こんなにお腹の調子がよかったことはなかったとか。

G子さんの問題は、合わない化粧品に加えて、今まで気がつかなかったグルテン不耐症のためだったのです。

それから、G子さんは小麦粉を摂取しない食生活を送っています。

本当にきれいなお肌になりました。たまに少しくらいいいやと、パンやラーメンを食べるとやはりニキビや腹痛が出てくるそうです。あまりストレスにならないように、たまにはニキビと腹痛を許すのだとか。

Case 8

## マッサージのクリームにかぶれてしまうH子さん（19歳　専門学校生）

H子さんは、1年前に高校を卒業し、美容師になるための専門学校に通っています。高校3年くらいからニキビができ始め、専門学校で顔のマッサージをお互いにする実習をしてから顔全体にニキビが広がったとのことです。

初診時、お顔全体が乾燥して少し赤みがあり、細かいニキビが散在している状態でした。

中学時代はとてもきれいなお肌だったようです。問診を詳しくしていくと、ニキビができ始めた高校3年生のころに化粧を始めたことが明らかになりました。また、実習でH子さんがお顔のマッサージを受けたときに使ったクリームがヒリヒリしたとのことでした。

H子さんは1年前に始めた化粧品が原因でお肌の調子が悪くなり、実習のときのクリームが肌に合わず、症状が悪化したものと推測されます。

治療方針は以下にしました。

✦実習のクリームにかぶれたので、軟膏でかぶれの治療をすること
✦1年前まで基礎化粧品も使っていなかったこと、まだ19歳で肌の再生力が強いことから、自らの肌の潤う力がしっかりあるはず。かぶれの治療がすんだら、基礎化粧品をすっぱりやめること

H子さんは、抵抗しました。「基礎化粧品をやめるなんて考えられない！　ガビガビになってしまう！」と。

私は「ではどうして高校2年生までお肌に何もつけていなかったのにガビガビしていなかったの？　そのときのほうがきれいなお肌だったでしょ？」と、1年前を思い出してもらいました。すると、「なるほどやってみます！」と納得していただけました。

まずはかぶれの治療のために1週間軟膏を塗っていただき、その後再診されました。再診時、お顔の乾燥と赤みはすっかり改善し、ニキビの数は少し減っている状態でした。

私：あとは化粧品をすっかりやめてみましょう。もし、ガビガビになってお肌の状態がもっと悪くなるようなことがあったら、来てください。調子が悪くなければ1カ月後に来てください。

H子さん：怖いけどやってみます。

H子さんは、1カ月後に再診されました。ニキビはぐんと減り、数えるほどになっていました。少し乾燥を感じるけれど、つらいほどではないとのこと。お肌の状態がよくなっているのが自分でもわかるので、このまま続けていきたいと。でも、またマッサージの実習があるのでどうしたらいいのかと。

私は、専門学校の先生に提出するための手紙を書きました。H子さんはお肌が弱く治療中であり、マッサージのクリームにかぶれてしまうこと。クリームの代わりにお肌に無害なオイルを使わせてほしいこと。

H子さんのお肌は順調に回復し、3カ月後の再診時には、高校2年生までのきれいなお肌を取り戻していました。

H子さんは、その後4年ほどして当院を受診されました。

H子さんの腕の中には可愛い赤ちゃんがいました。

「先生に治療してもらって、お肌に自信を取り戻せたらすぐに彼氏ができたんです！その彼と結婚して、女の子が産まれました。先生に教えてもらったように、この子には年ごろになってもお化粧をしないように指導しますね」と。

Case 9

# 紫外線恐怖症のI子さん（55歳　保険外交員）

I子さんは、2年前からお顔が赤くヒリヒリが生じて近くの皮膚科に通院していました。近くの皮膚科では病名や原因の検査などはなく、ステロイド軟膏を処方され塗れば落ちつくものの、赤く腫れては軟膏を塗って抑えることを繰り返してきました。あるとき友達に「化粧品が原因かもよ」と指摘され、私が開発した化粧品をすすめられて使い始めたそうです。その化粧品を使い始めてもお肌は改善せず、私の外来を受診いただくようになったとのこと。

I子さんが初めて診察室に入って来たとき、私をにらみつけました。お肌が赤くてヒリヒリするのは、今I子さんが使っている化粧品を開発した私のせいだと思っているようです。

私はいつも通り笑顔で、これまでの経過を詳しく教えてくださいとお伝えしたのですが、いかに今使っている化粧品の使い方が面倒か、我慢をして使っているのにお肌の状態がいっこうによくならないとおっしゃいます。

私は「わかりました。私の開発した化粧品以外は何もつけていないのですね？」と聞くと、「そうです！　何も‼」とおっしゃいました。

その後、2年前から赤くなって近所の皮膚科で薬をもらってよくなることを繰り返してきた、ということを時間をかけながら聞き出すことができました。

そして、お仕事の話になったとき、いつも外なので日焼け止めは欠かせない。日にあたったらシミになるのが怖いので、美白美容液を毎日つけていると、I子さんの口からポロッと出てきました。

もちろん悪気がないのは明らかでしたが、先ほど、私が開発した化粧品以外は何もつけていないとおっしゃったのは嘘で、他のメーカーの美白美容液と日焼け止めとファンデーションをつけていたのです。

私はたぶんそれらの化粧品が悪さをしていますとI子さんに言いました。するとI子さんは、何をバカなことを言っているの？　私はこれらをもう十何年も使っているのよ、私の肌に合わないわけがないじゃない！　と反論します。

私は、「ずっと使ってきた化粧品も、あるときから急にお肌に合わなくなることがある。またその化粧品も初めから肌に合ってなかったけれども、お肌はずっと耐えてきて、あるときから耐えられなくなったのかもしれない」と説明しました。

I子さんは、とんでもない！　と言って私の話に耳を傾けようとしません。私はI子さんに、化粧品のパッチテストをしましょうと提案しましたが、I子さんは絶対にイヤだといいます。忙しいから、そんなに皮膚科に通えない。テープ負けするし、そんな検査なんてできない。たくさん言い訳を考えて現実に目を向けようとしません。

では、数日だけでもそれらの化粧品をやめてみませんか？　とお話しすると、I子さんは、外にいることが多いのに、日焼け止めをつけなかったらどんなことになるの？　シミだらけになって美白美容液もつけなかったら、おばあさんになっちゃうじゃない！　と大変な剣幕です。

外にいるときは帽子をかぶって、日陰に行きましょう。日傘を差せるときは使いましょう。UVカットのマスクを使うのもいいですね。とお話ししても絶対にイヤです。日焼け止めを絶対に使います、と。

I子さんにとっていちばん怖いのは紫外線を浴びて、お肌がシミだらけになることなのです。

私は説明しました。もしそれらの化粧品が、I子さんのお肌の赤み、ヒリヒリの原因だったら、使い続けると炎症が長引き、お肌を守るために色素細胞が頑張って色をつくり出し、顔じゅうがシミだらけになります。老化も早まってシワだらけになります、と。

今のI子さんにとって合わない日焼け止めを塗ることで、どんなデメリットがあるのか理論立てて説明しました。するとI子さんの顔色が急に変わりました。

先生の言うことを聞いてみます。でも、治らなかったらすべて先生のせいですからね！　とおまけの言葉もいただきました。


そして2週間後に再診にいらっしゃいました。

初診時に真っ赤だったお顔は、普通の肌色よりは少しだけピンクがかったくらいになっています。

I子さんのお顔は笑顔で初診のときとはまったく違う口調で言葉は柔らかです。

「先生の言った通りでした。美白美容液も、日焼け止めもファンデーションもやめて、先生の化粧品だけを使うようにしたら、たった1日で顔のつっぱり感がなくなりました。

ヒリヒリもかゆみもなくなって、赤みも1日1日と少なくなってきました。

外に出るときは、太陽が怖かったけど、帽子と日傘でまったく大丈夫ですね。今まで日焼け止めを塗らない生活なんて考えられなかったけど、やってみると平気だとわかりました。今まで、肌に合わない化粧品をよかれと思って使っていたのですね。

あのとき、この先生何を言っているの！　信じられない！　って思っていました。

私が間違っていたんですね。先生が間違っているのを証明しようと先生の言うことを聞いてみたんですが、やってみて本当によかったです。ありがとうございます」と。

最初にいらしたときの表情が嘘のようにおだやかな笑顔で言ってくれました。

# ✦おわりに――「そのまま」がいちばん美しい

最後までお読みいただき、ありがとうございました。

知っていた情報も、知らなかったこともあったと思います。

私が伝えたいのは「あなたの本来持つ姿が美しい」ということです。みなさん一人ひとりが持つ本来の美しさ、美しくなろうとする力は、どんなに高価な化粧品を塗っても決してかないません。


「それは自分の体が喜ぶものか？」

自分の体が発する声に耳を傾けて、判断していっていただきたいと思います。


市販されている化粧品のほとんどは、使い勝手をよくしたり、長持ちさせるために、お肌によくないいろいろなものが加えられています。

添加物が多く含まれる化粧品を使わなかったり、化粧品を手づくりしたりすること。美肌になるために必要なのは、この「ひと手間」です。

美しくなるためのひと手間を、惜しまないでいただきたいと思います。

また、ストレスは美肌の敵ですから、「美しくなるためのひと手間」と思って、その時間を楽しく過ごしましょう。

私自身、肌荒れに悩んでいたころは、人前に出たくない、写真にも写りたくない気持ちでいっぱいでした。

肌荒れから解放されたことで、人前に出ることも怖くなくなりました。性格も前向きになれたように感じています。

多くの人がかつての私のような肌荒れや肌の悩みから解放されることを、心より祈っています。

菅原由香子

参考文献

●『「酵素」の謎』鶴見隆史著　祥伝社
●『病気にならない生き方』新谷弘実著　サンマーク出版
●『小麦は食べるな！』ウイリアム・デイビス著　白澤卓二訳　日本文芸社
●『それでも毒性化粧品を使いますか？』小澤王春著　メタモル出版
●『精神科医が教えるぐっすり眠れる12の法則　日本で一番わかりやすい睡眠マニュアル』樺沢紫苑著　シオン出版局
●『体を壊す13の医薬品・生活用品・化粧品』渡辺雄二著　幻冬舎

本書は、あさ出版より刊行された『肌のきれいな人がやっていること、いないこと』を、文庫収録にあたり加筆・改筆・再編集のうえ、改題したものです。

菅原由香子（すがわら・ゆかこ）
1970年、北海道旭川市生まれ。弘前大学医学部を卒業後、札幌医科大学皮膚科、美容外科美容皮膚科勤務を経て、岩手県一関市にすがわら皮膚科クリニック（現・菜の花皮膚科クリニック）を夫とともに開業。大学時代から20年以上肌荒れに悩み、肌荒れの原因は化粧品に含まれる添加物や、化粧品の使い方にあることを突き止める。さまざまな化学物質を自らの顔につけ実験することを数年繰り返して、肌に悪い成分を一切含まない完全無添加の化粧品を開発。何をしても治らない肌荒れに悩む人が噂を聞きつけて、クリニックには日本全国から診療希望者が訪れている。ウェブサイト「お肌磨き研究所」の運営他、情報サイト「スキンケア大学」で記事監修、コラム執筆などでも活躍、多くの人に支持されている。

知的生きかた文庫

化粧《けしょう》いらずの美肌《びはだ》になれる
3《みっ》つのビューティケア

著　者　菅原《すがわら》由《ゆ》香《か》子《こ》
発行者　押鐘太陽
発行所　株式会社三笠書房
〒一〇二-〇〇七二　東京都千代田区飯田橋三-三-一
電話〇三-五二二六-五七三四〈営業部〉
〇三-五二二六-五七三一〈編集部〉
http://www.mikasashobo.co.jp
印刷　誠宏印刷
製本　若林製本工場


ISBN978-4-8379-8583-9 C0130